Tusculum-Bücherei

S. Aurelii Augustini Soliloquiorum libri duo

Augustinus
Selbstgespräche

Lateinisch und deutsch herausgegeben

von Peter Remark

Heimeran　　　　München

Titelvignette: Christusmonogramm der konstantinischen Zeit

1. Auflage 1951. 1.—4. Tausend. 187
Druck: Junge & Sohn, Universitätsbuchdruckerei Erlangen

ERSTES BUCH

Caput I

Volventi mihi multa ac varia mecum diu ac per multos dies sedulo quaerenti memetipsum ac bonum meum quidve mali evitandum esset, ait mihi subito sive ego ipse, sive alius quis extrinsecus, sive intrinsecus nescio; nam hoc ipsum est, quod magnopere scire molior. Ait ergo mihi:

Ratio: Ecce, fac te invenisse aliquid! Cui commendabis, ut pergas ad alia?

Augustinus: Memoriae scilicet.

R: Tantane illa est, ut excogitata omnia bene servet?

A: Difficile est, imo non potest.

R: Ergo scribendum est. Sed quid agis, quod valetudo tua scribendi laborem recusat? Nec ista dictari debent; nam solitudinem meram desiderant.

A: Verum dicis. Itaque prorsus nescio, quid agam.

R: Ora salutem et auxilium, quo ad concupita pervenias, et hoc ipsum litteris manda, ut prole tua fias animosior. Deinde, quod invenis, paucis con-

Kapitel 1

1. Schon lange beschäftigten mich viele und mancherlei wichtige Fragen. Seit vielen Tagen besann ich mich ernstlich auf mich selbst; ich forschte nach dem Gut, das ich erstreben, oder auch nach dem Übel, das ich meiden müßte; und da vernahm ich plötzlich eine Stimme. War ich es oder ein anderer, der von außen oder aus meinem Innern sprach, ich weiß es nicht. Und das ist es gerade, was ich allen Ernstes ergründen möchte. Sie sprach zu mir:

Vernunft: Nimm einmal an, du hättest etwas gefunden! Wem willst du es anvertrauen, um dann weiter zu kommen?

Augustinus: Doch wohl meinem Gedächtnis.

V: Reicht es aus, alles zu behalten, was du durch Nachdenken gefunden hast?

A: Das dürfte schwierig, oder besser gesagt, unmöglich sein.

V: Also müssen wir es schriftlich festlegen. Aber was gedenkst du zu tun, da dein Gesundheitszustand dir keine schriftliche Arbeit erlaubt? Von einem Diktat kann jedoch keine Rede sein; denn deine Untersuchungen erheischen ein völliges Alleinsein.

A: Das ist wahr. Ich weiß daher nicht ein und nicht aus.

V: Bete um die Gesundheit als Rettungsmittel, das dich an das Ziel deiner Wünsche gelangen läßt, und faß das Gebet schriftlich ab, damit es als Erstlings-

clusiunculis breviter collige! Nec modo cures invitationem turbae legentium; paucis ista sat erunt civibus tuis!

A: Ita faciam.

Deus, universitatis conditor, praesta mihi primum, ut bene te rogem, deinde ut me agam dignum, quem exaudias, postremo ut liberes! 2

deus, per quem omnia, quae per se non essent, tendunt esse;

deus, qui ne id quidem, quod se invicem perimit, perire dimittis;

deus, qui de nihilo mundum istum creasti, quem omnium oculi sentiunt pulcherrimum;

deus, qui malum non facis et facis esse, ne pessimum fiat;

deus, qui paucis ad id, quod vere est, refugientibus ostendis malum nihil esse;

deus, per quem universitas etiam cum sinistra parte perfecta est;

deus, a quo dissonantia usque in extremum nulla est, cum deteriora melioribus concinunt;

deus, quem amat omne, quod potest amare, sive sciens, sive nesciens;

produkt dir Mut macht! Faß dann die gewonnenen Resultate in einigen kurzen Schlußfolgerungen zusammen! Sei gar nicht bedacht auf etwas Empfehlendes, das dir eine große Anzahl von Lesern sichert; es soll nur den Ansprüchen deiner wenigen Mitbürger genügen!

A: Gut, so will ich's machen.

2. Gott, Urheber und Vater der ganzen Schöpfung, stehe mir bei, daß ich vor allem recht zu dir bete und mich dann durch meinen Wandel würdig erweise, erhört zu werden, und dir schließlich meine Befreiung verdanke;

Gott, durch den alle Dinge, die aus sich selbst das Sein nicht haben könnten, zum Sein streben;

Gott, der selbst die Dinge nicht zu Grunde gehen läßt, die sich gegenseitig vernichten;

Gott, der unsere Welt, deren Pracht und Herrlichkeit aller Augen empfinden, aus nichts erschaffen hat;

Gott, der nicht der Urheber des Bösen ist und nur gestattet, daß es da ist, um das Schlimmste abzuwenden;

Gott, der nur wenige erkennen läßt, daß das Böse keine Wesenheit hat, weil nur sie zu dem ihre Zuflucht nehmen, was in Wahrheit ist;

Gott, durch den die ganze Schöpfung auch mit den finsteren Elementen vollkommen ist;

Gott, vor dem es nicht die geringste Disharmonie in dieser Welt gibt, da das Schlechtere mit dem Besseren in Einklang steht;

Gott, den alles liebt, was lieben kann, mit oder ohne Wissen;

deus, in quo sunt omnia, cui tamen universae creaturae nec turpitudo turpis est, nec malitia nocet, nec error errat;

deus, qui nisi mundos verum scire noluisti;

deus, pater veritatis, pater sapientiae, pater verae summaeque vitae, pater beatitudinis, pater boni et pulchri, pater intelligibilis lucis, pater evigilationis atque illuminationis nostrae, pater pignoris, quo admonemur redire ad te.

Te invoco, deus veritas, in quo et a quo et per quem vera sunt, quae vera sunt omnia; 3

deus sapientia, in quo et a quo et per quem sapiunt, quae sapiunt omnia;

deus vera et summa vita, in quo et a quo et per quem vivunt, quae vere summeque vivunt omnia;

deus beatitudo, in quo et a quo et per quem beata sunt, quae beata sunt omnia;

deus bonum et pulchrum, in quo et a quo et per quem bona et pulchra sunt, quae bona et pulchra sunt omnia;

deus intelligibilis lux, in quo et a quo et per quem intelligibiliter lucent, quae intelligibiliter lucent omnia;

deus, cuius regnum est totus mundus, quem sensus ignorat;

deus, de cuius regno lex etiam in ista regna describitur;

Gott, in dem alles ist, dem aber alles Schändliche an dem Geschöpf keine Schande macht, dem die Bosheit keinen Schaden und die Verirrung keine Täuschung bringt;

Gott, nach dessen Willen nur die die Wahrheit erkennen, die reinen Herzens sind;

Gott, Vater der Wahrheit, Vater der Weisheit, Vater des wahren und höchsten Lebens, Vater der Glückseligkeit, Vater des Guten und Schönen, Vater des Lichtes unserer Erkenntnis, Vater unseres Erwachens und unserer Erleuchtung, Vater des Unterpfandes, das uns anfeuert, zu dir zurückzukehren.

3. Dich, o Gott — Wahrheit, rufe ich an; Ursprung, Grundlage und Urheber der Wahrheit von allem, was wahr ist;

dich, o Gott — Weisheit, Ursprung, Grundlage und Urheber der Weisheit von allem, was weise ist;

dich, o Gott — wahres und erhabenstes Leben, Ursprung, Grundlage und Urheber des Lebens von allem, was wahrhaft und erhaben lebt;

dich, o Gott — Glückseligkeit, Ursprung, Grundlage und Urheber des Glückes von allem, was glückselig ist;

dich, o Gott — Güte und Schönheit, Ursprung, Grundlage und Urheber des Guten und Schönen in allem, was gut und schön ist;

dich, o Gott — Licht der Erkenntnis, Ursprung, Grundlage und Urheber des Erkenntnislichtes in allem, was in dem Strahle dieses Lichtes erkennbar ist;

Gott, dessen Reich das Weltall ist, das die Sinne nicht fassen;

Gott, dessen Reich auch den Bereichen dieser Welt sein Gesetz aufprägt;

deus, a quo averti cadere, in quem converti resurgere, in quo manere consistere est;

deus, a quo exire emori, in quem redire reviviscere, in quo habitare vivere est;

deus, quem nemo amittit nisi deceptus, quem nemo quaerit nisi admonitus, quem nemo invenit nisi purgatus;

deus, quem relinquere hoc est quod perire, quem attendere hoc est quod amare, quem videre hoc est quod habere;

deus, cui nos fides excitat, spes erigit, caritas iungit;

deus, per quem vincimus inimicum, te deprecor;

deus, per quem accepimus, ne omnino periremus;

deus, a quo admonemur, ut vigilemus;

deus, per quem a malis bona separamus;

deus, per quem mala fugimus et bona sequimur:

deus, per quem non cedimus adversitatibus;

deus, per quem bene servimus et bene dominamur;

deus, per quem discimus aliena esse, quae aliquando nostra, et nostra esse, quae aliquando aliena putabamus;

Gott, von dem man sich nur abwenden kann, um zu fallen; zu dem man sich bekehren muß, um sich zu erheben; in dem man nur zu bleiben braucht, um Bestand zu haben;

Gott, den man nur verlassen kann, um des Todes zu sein; zu dem man nur zurückzukehren braucht, um wieder das Leben zu haben; bei dem ein Heim haben, Leben bedeutet;

Gott, den man nur verliert, wenn man in die Irre geht; den niemand sucht, ohne angeregt zu sein; den niemand findet, ohne vorher gerechtfertigt zu sein;

Gott, von dem man nur weggehen kann, um zu Grunde zu gehen; zu dem man sich nur hinzuwenden braucht, um ihn zu lieben; dessen Schau Besitz bedeutet;

Gott, zu dem uns der Glaube aufrüttelt, die Hoffnung emporhebt, mit dem uns die Liebe vereint;

Gott, durch den wir siegreich sind, dich bitte ich, wende ab deine Ungnade;

Gott, dessen Gnade wir es verdanken, daß wir nicht ganz zu Grunde gingen;

Gott, der uns ermahnt, wachsam zu sein;

Gott, durch den wir das Gute vom Bösen unterscheiden;

Gott, durch den wir das Böse meiden und das Gute erstreben;

Gott, durch den wir in den Widerwärtigkeiten nicht unterliegen;

Gott, durch den wir gute Diener und gute Herren sind;

Gott, der uns belehrt, daß das uns nicht gehört, was wir ehedem als das Unsere angesehen, und daß das unser ist, was wir ehedem als uns nicht gehörend angesehen haben;

deus, per quem malorum escis atque illecebris non haeremus;

deus, per quem nos res minutae non minuunt;

deus, per quem melius nostrum deteriori subiectum non est;

deus, per quem mors absorbetur in victoriam (1. Cor. XV, 54);

deus, qui nos convertis, qui nos eo, quod non est, exuis et eo, quod est, induis;

deus, qui nos exaudibiles facis;

deus, qui nos munis;

deus, qui nos in omnem veritatem inducis;

deus, qui nobis omnia bona loqueris nec insanos facis, nec a quoquam fieri sinis;

deus, qui nos revocas in viam;

deus, qui nos deducis ad ianuam;

deus, qui facis, ut pulsantibus aperiatur (Matth. VII, 8);

deus, qui nobis das panem vitae;

deus, per quem sitimur potum, quo hausto nunquam sitiamus (Joan. VI, 35);

deus, qui arguis saeculum de peccato, de iustitia et de iudicio (Joan. XVI, 8);

deus, per quem nos non movent, qui minime credunt;

deus, per quem improbamus eorum errorem, qui animarum merita nulla esse apud te putant;

deus, per quem non servimus infirmis et egenis elementis (Galat. IV, 9);

Gott, dessen Hilfe uns nicht hangen läßt an den lockenden Leimruten der Bösen;

Gott, durch den uns auch die Kleinlichkeit des Lebens nicht klein macht;

Gott, durch den das Bessere in uns nicht dem Schlechteren unterliegen muß;

Gott, durch den der Tod in den Sieg verschlungen ist;

Gott, Urheber unserer Wesensänderung, der du uns das abnimmst, was nicht ist, um uns das zu geben, was wirklich ist;

Gott, der uns würdig macht, erhört zu werden;

Gott, der uns stärkt;

Gott, der uns zu jeder Wahrheit hingeleitet;

Gott, der nur Worte der Güte für uns hat, der uns nicht zu Irren macht und nicht zuläßt, daß andere uns das antun;

Gott, der uns auf den rechten Weg ruft;

Gott, der uns bis zur Türe geleitet;

Gott, der da macht, daß sie sich denen öffnet, die anklopfen;

Gott, der uns das Brot des Lebens gibt;

Gott, durch den es uns dürstet nach dem Wasser, nach dessen Genuß uns niemals mehr dürsten soll;

Gott, der die Welt überführt in Bezug auf Sünde, Gerechtigkeit, Gericht;

Gott, durch den die Ungläubigen keinen Einfluß auf uns ausüben können;

Gott, durch den wir den Irrtum jener zurückweisen, die da glauben, von einem Verdienste der Seelen könne vor dir nicht die Rede sein;

Gott, durch den wir den schwachen und armseligen Elementen nicht mehr dienstbar sind;

deus, qui nos purgas et ad divina praeparas praemia, adveni mihi propitius tu!

Quidquid a me dictum est, unus deus tu, tu veni 4
mihi in auxilium! Una, aeterna, vera substantia, ubi nulla discrepantia, nulla confusio, nulla transitio, nulla indigentia, nulla mors; ubi summa concordia, summa evidentia, summa constantia, summa plenitudo, summa vita; ubi nihil deest, nihil redundat; ubi, qui gignit et quem gignit, unum est.

deus, cui serviunt omnia, quae serviunt; cui obtemperat omnis bona anima; cuius legibus rotantur poli, cursus suos sidera peragunt, sol exercet diem, luna temperat noctem; omnisque mundus per dies vicissitudine lucis et noctis, per menses incrementis decrementisque lunaribus, per annos veris, aestatis, autumni et hiemis successionibus, per lustra perfectione cursus solaris, per magnos orbes recursu in ortus suos siderum magnam rerum constantiam, quantum sensibilis materia patitur, temporum ordinibus replicationibusque custodit.

deus, cuius legibus in aevo stantibus motus instabilis rerum mutabilium perturbatus esse non sinitur frenisque circumeuntium saeculorum semper ad similitudinem stabilitatis revocatur; cuius legibus arbitrium animae liberum est bonisque praemia et malis poena fixis per omnia necessitatibus distributae sunt.

Gott, der uns läutert und auf die göttliche Vergeltung vorbereitet, komm du mit deiner Gnade zu mir!

4. Gott, du einziger Inbegriff all meiner Worte, komm du mir zu Hilfe; einzige, wahrhafte, ewige Substanz, in der es keine Disharmonie, keine Wirrnis, keine Veränderung, keinen Mangel, keinen Tod gibt; wo die größte Harmonie, die größte Klarheit, die größte Beständigkeit, die größte Fülle, die größte Lebenskraft ist; wo kein Mangel, kein Überfluß herrscht; wo der, der zeugt, und der, den er zeugt, eins ist;

Gott, dem alles dienstbar ist, was dient; dem jede gute Seele gehorcht; nach dessen Gesetzen die Pole sich drehen, die Gestirne ihre Bahnen wandeln, die Sonne die Rührigkeit des Tages bringt und der Mond die Nacht mit mildem Scheine erfüllt; nach dessen Gesetzen das ganze Weltall durch den stetigen Tagesablauf im Wechsel von Tag und Nacht, im Verfließen der Monate durch Zu- und Abnehmen des Mondes, durch den Gang des Jahres, die Aufeinanderfolge von Frühling, Sommer, Herbst und Winter, durch das Lustrum in der Vollständigkeit des Sonnenlaufs, durch die großen Kreisbahnen, auf denen die Gestirne wieder an ihren Ausgangspunkt zurückkehren, in der wohlgeordneten Reihenfolge und dem periodischen Verlauf der Zeiten die herrliche, feste Haltung bewahrt, soweit die sinnfällige Materie dazu imstande ist.

Gott, dessen Gesetze in der Ewigkeit Bestand haben und nicht zulassen, daß die unbeständige Bewegung der veränderlichen Dinge je gestört wird, sondern durch die Zügelung in dem stetigen Verlauf der Zeiten immer nach der Ähnlichkeit mit der Stetigkeit sich richten muß; dessen Gesetz der Seele den freien Willen verbürgt und den Guten ihren Lohn, den Bösen ihre Strafe sichert nach einer für alles unabänderlich geltenden Ordnung;

deus, a quo manant usque ad nos omnia bona, a quo coercentur a nobis omnia mala;

deus, supra quem nihil, extra quem nihil, sine quo nihil est;

deus, sub quo totum est, in quo totum est, cum quo totum est; qui fecisti hominem ad imaginem et similitudinem tuam, quod, qui se ipse novit, agnoscit. Exaudi, exaudi, exaudi me, deus meus, domine meus, rex meus, pater meus, causa mea, spes mea, res mea, honor meus, domus mea, patria mea, salus mea, lux mea, vita mea. Exaudi, exaudi, exaudi me more illo tuo paucis notissimo!

Iam te solum amo, te solum sequor, te solum quaero, tibi soli servire paratus sum, quia tu solus iuste dominaris; tui iuris esse cupio. Iube, quaeso, atque impera, quidquid vis, sed sana et aperi aures meas, quibus voces tuas audiam! Sana et aperi oculos meos, quibus nutus tuos videam! Expelle a me insaniam, ut recognoscam te! Dic mihi, quo attendam, ut aspiciam te, et omnia me spero, quae iusseris, esse facturum! Recipe, oro, fugitivum tuum, domine, clementissime pater! Iamiam satis poenas dederim, satis inimicis tuis, quos sub pedibus habes, servierim, satis fuerim fallaciarum ludibrium. Accipe me ab istis fugientem famulum tuum, quia et isti me, quando a te fugiebam, acceperunt alienum! Ad te mihi redeundum esse sentio; pateat mihi pulsanti ianua tua; quomodo ad te perveniatur, doce

Gott, du Quelle, die uns alles Gute spendet, Damm, der alles Böse von uns fernhält;
Gott, über dem es nichts gibt, außer dem nichts existiert, ohne den nichts geworden ist;
Gott, unter dem alles steht, in dem alles enthalten ist, mit dem alles besteht; der den Menschen nach seinem Bilde und Gleichnisse erschaffen hat, was der erkennt, der sich selbst kennt, erhöre, erhöre, erhöre mich, mein Gott, mein Herr, mein König, mein Vater, mein Ursprung, meine Hoffnung, mein Hab und Gut, meine Ehre, mein Heim, meine Heimat, mein Heil, mein Licht, mein Leben! Erhöre, erhöre, erhöre mich nach deiner Art und Weise, wie sie nur eine kleine Anzahl gut kennt!

5. Nunmehr will ich dich allein lieben, dir allein folgen, dich allein suchen; dir allein zu dienen, bin ich bereit, denn du allein bist ein gerechter Herr; unter deiner Botmäßigkeit wünsche ich zu stehen. Befiehl, ich bitte dich, und gebiete, alles was du willst, aber heile und öffne mein Ohr, auf daß ich deine Stimme höre! Heile und öffne meine Augen, damit ich deinen Wink sehe! Vertreibe aus mir meine Vernunftlosigkeit, auf daß ich dich erkenne! Sag mir, wohin ich mich wenden soll, um dich zu sehen, und all deine Weisungen hoffe ich zu befolgen! O nimm doch, Herr, gütigster Vater, mich wieder auf, der vor dir geflohen ist! Laß es nunmehr genug sein der Strafen, die ich verbüßt habe, genug sein der Sklavendienste, die ich deinen Widersachern geleistet habe, auf die du deinen Fuß gesetzt hast; laß es genug sein der Trugbilder, deren Spielball ich war! Nimm mich auf als deinen Diener, der jenen entflieht; denn auch jene haben mich als Fremdling aufgenommen, als ich dereinst von dir entfloh! Zu dir muß ich zurückkehren, ich fühle es. Laß deine Türe sich öffnen, wenn ich anklopfe! Belehre mich, wie man

me! Nihil aliud habeo quam voluntatem; nihil aliud scio nisi fluxa et caduca spernenda esse, certa et aeterna requirenda. Hoc facio pater, quia hoc solum novi; sed unde ad te perveniatur, ignoro. Tu mihi suggere, tu ostende, tu viaticum praebe! Si fide te inveniunt, qui ad te refugiunt, fidem da; si virtute, virtutem; si scientia, scientiam! Auge in me fidem, auge spem, auge caritatem! O admiranda et singularis bonitas tua!

Ad te ambio et, quibus rebus ad te ambiatur, a to rursum peto. Tu enim si deseris, peritur. Sed non deseris, quia tu es summum bonum, quod nemo recte quaesivit et minime invenit. Omnis autem recte quaesivit, quem tu recte quaerere fecisti. Fac me, pater, quaerere te, vindica me ab errore; quaerenti te mihi nihil aliud pro te iam, quaeso, pater! Si autem est in me superflui alicuius appetitio, tu ipse me munda et fac idoneum ad videndum te! Caeterum de salute huius mortalis corporis mei, quamdiu nescio quid mihi ex eo utile sit vel eis, quos diligo, tibi illud committo, pater sapientissime atque optime, et pro eo, quod ad tempus admonueris, deprecabor; tantum oro excellentissimam clementiam tuam, ut me penitus ad te convertas nihilque mihi repugnare facias tendenti ad te iubeasque me, dum

zu dir gelangt! Ich habe nichts weiter als den guten Willen. Mein ganzes Wissen besteht darin, daß man das Veränderliche und Vergängliche verachten, das Sichere und Ewige erstreben muß. Das will ich tun, Vater, denn das ist das einzige, was ich einsehe; aber wie man zu dir gelangt, das weiß ich nicht. Gib mir das ein, zeige es mir, gib mir die Stärkung mit auf den Weg! Wenn es der Glaube ist, durch den die dich finden, die zu dir ihre Zuflucht nehmen, so gib mir den Glauben; wenn es die moralische Kraft ist, gib mir die Kraft; wenn es das Wissen ist, gib mir das Wissen! Vermehre in mir den Glauben, vermehre die Hoffnung, vermehre die Liebe! O deine Güte ist wunderbar und einzigartig!

6. An dich wende ich mich und bitte dich wieder um Mittel und Wege, wie man sich an dich wenden kann; denn wenn du einen im Stiche lässest, so geht man zu Grunde. Aber das tust du nicht; denn du bist das höchste Gut, das noch ein jeder gefunden hat, der es richtig suchte. Jeder sucht es aber richtig, wenn du ihn auf die richtige Fährte gesetzt hast. Laß mich, Vater, dich suchen und bewahre mich, bitte, vor einem Irrtum, damit ich auf der Suche nach dir nichts anderes mehr finde als dich, Vater! Ist aber in mir noch das Verlangen nach etwas Überflüssigem, reinige du mich und mach mich fähig, dich zu schauen! Was aber das Wohl und Wehe meines sterblichen Leibes betrifft, wie lange er irgendwie für mich oder für die, die ich liebe, von Nutzen sein kann, das stelle ich dir anheim, weisester und gütigster Vater, und ich will dich für ihn um das bitten, was du mir gelegentlich eingibst. Nur um deine unvergleichbare Gnade will ich immerdar beten, auf daß du mich ganz und gar zu dir hinwendest und mir nichts entgegentreten lässest auf dem

hoc ipsum corpus ago atque porto, purum, magnanimum, iustum prudentemque esse perfectumque amatorem perceptoremque sapientiae tuae et dignum habitatione atque habitatorem beatissimi regni tui. Amen, amen.

Caput II

Augustinus: Ecce oravi deum.

Ratio: Quid ergo scire vis?

A· Haec ipsa omnia, quae oravi.

R: Breviter ea collige!

A: Deum et animam scire cupio.

R: Nihil plus?

A: Nihil omnino.

R: Ergo incipe quaerere! Sed prius explica, quomodo, tibi si demonstretur deus, possis dicere: sat est!

A· Nescio, quomodo mihi demonstrari debeat, ut dicam: sat est; non enim credo me scire aliquid sic, quomodo scire deum desidero.

R: Quid ergo agimus? Nonne censes prius tibi esse sciendum, quomodo tibi deum scire satis sit, quo cum perveneris, non amplius quaeras?

A: Censeo quidem; sed quo pacto fieri possit, non video. Quid enim deo simile unquam intellexi, ut possim dicere: quomodo hoc intelligo, sic volo intelligere deum?

Wege zu dir; laß mich, solange ich die Last dieses Leibes und Lebens trage, rein, hochgemut, gerecht und weise sein und in vollkommenem Maße deine Weisheit lieben und erfassen und würdig werden deines Gezeltes und Bürger deines Reiches der Glückseligkeit! Amen, Amen!

Kapitel 2

7. **Augustinus**: So, nun habe ich zu Gott gebetet.

Vernunft: Was begehrst du also zu wisssen?

A: Gerade all das, worum ich gebetet habe.

V: Faß es kurz zusammen!

A: Gott und die Seele möchte ich gerne erkennen.

V: Nichts weiter?

A: Bestimmt nicht.

V: Gut, dann heraus mit deiner Frage! Aber erkläre mir zuerst, wie weit die Untersuchung über die Erkenntnis Gottes gehen muß, daß du sagen kannst: Das genügt mir.

A: Ich weiß nicht, wie die Erkenntnis beschaffen sein muß, daß ich sagen kann: Das genügt mir; denn ich glaube wirklich nichts so zu kennen, wie ich Gott zu erkennen wünsche.

V: Wie sollen wir also verfahren? Glaubst du nicht, zuerst wissen zu müssen, welcher Grad der Erkenntnis von Gott dir so genügt, daß du nicht weiter forschen willst, wenn du ihn erreicht hast?

A: Doch wohl; aber leider sehe ich nicht, wie das möglich ist. Denn noch nie habe ich etwas Gott Ähnliches kennen gelernt, daß ich sagen könnte: Wie ich das erkenne, so will ich meinen Gott erkennen.

R: Qui nondum deum nosti, unde nosti nihil te nosse deo simile?

A: Quia, si aliquid deo simile scirem, sine dubio id amarem; nunc autem nihil aliud amo quam deum et animam, quorum neutrum scio.

R: Non igitur amas amicos tuos?

A: Quo pacto eos possum, amans animam, non amare?

R: Hoc modo ergo et pulices et cimices amas?

A: Animam me amare dixi, non animalia.

R: Aut homines non sunt amici tui, aut eos non amas; omnis enim homo est animal et animalia te non amare dixisti.

A: Et homines sunt et eos amo, non eo, quod animalia, sed eo, quod homines sunt, id est, ex eo quod rationales animas habent, quas amo etiam in latronibus. Licet enim mihi in quovis amare rationem, cum illum iure oderim, qui male utitur eo, quod amo. Itaque tanto magis amo amicos meos, quanto magis bene utuntur anima rationali vel certe, quantum desiderant ea bene uti.

Caput III

Ratio: Accipio istud, sed tamen si quis tibi 8 diceret: Faciam te sic deum nosse, quomodo nosti Alypium, nonne gratias ageres et diceres: Satis est?

V: Da du Gott noch nicht kennst, woher kannst du wissen, daß du nichts Gott Ähnliches kennst?

A: Wenn ich etwas Gott Ähnliches kennte, so würde ich es sicher lieben; jetzt aber liebe ich nichts anderes als Gott und die Seele, von denen ich weder den einen noch die andere kenne.

V: Du liebst also deine Freunde nicht?

A: Da ich die Seele liebe, wie sollte ich sie nicht lieben können?

V: So liebst du also danach auch Flöhe und Wanzen?

A: Ich habe gesagt, ich liebe die Seele, nicht alle beseelten Lebewesen.

V: Entweder sind deine Freunde keine Menschen, oder du liebst sie nicht; denn jeder Mensch ist ein beseeltes Lebewesen, und du hast gesagt, du liebtest die beseelten Lebewesen nicht.

A: Sie sind wohl Menschen und ich liebe sie, aber nicht insoweit sie beseelte Lebewesen, sondern insofern sie Menschen sind, d. h. aus dem Grunde, weil sie eine vernunftbegabte Seele haben, die ich sogar noch bei Räubern liebe. Denn ich vermag bei jedwedem die Vernunft zu lieben, wobei ich mir das Recht vorbehalte, den zu hassen, der einen schlechten Gebrauch von dem macht, was ich liebe. Daher liebe ich meine Freunde um so mehr, je mehr sie einen guten Gebrauch machen von ihrer vernunftbegabten Seele oder wenigstens, insoweit sie wünschen, sie zum Guten zu gebrauchen.

Kapitel 3

8. **Vernunft**: Das will ich gelten lassen. Aber wie wäre es, wenn jemand zu dir sagte: Ich will dich Gott erkennen lassen, wie du Alypius kennst? Würdest du ihm nicht dafür danken und sagen: Das genügt mir?

Augustinus: Agerem quidem gratias, sed satis esse non dicerem.

R: Cur, quaeso?

A: Quia deum ne sic quidem novi quomodo Alypium, et tamen Alypium non satis novi.

R: Vide ergo, ne impudenter velis satis deum nosse, qui Alypium non satis nosti.

A: Non sequitur; nam in comparatione siderum quid est mea coena vilius? Et tamen cras quid sim coenaturus ignoro; quo autem signo luna futura sit, non impudenter me scire profiteor.

R: Ergo vel ita deum nosse tibi satis est, ut nosti, quo cras signo luna cursura sit?

A: Non est satis; nam hoc sensibus approbo. Ignoro autem, utrum vel deus vel aliqua naturae occulta causa subito lunae ordinem cursumque commutet. Quod si acciderit, totum illud, quod praesumpseram, falsum erit.

R: Et credis hoc fieri posse?

A: Non credo; sed ego, quid sciam, quaero, non quid credam. Omne autem, quod scimus, recte fortasse etiam credere dicimur; at non omne, quod credimus, etiam scire.

R: Respuis igitur in hac causa omne testimonium sensuum?

Augustinus: Ich würde ihm zwar danken, aber nicht sagen, es genüge mir.

V: Warum denn, bitte?

A: Es ist dann immer noch fraglich, ob ich Gott wie den Alypius kenne, da ich doch Alypius nicht genügend kenne.

V: Siehe demnach zu, ob es nicht etwa ein ungebührliches Unterfangen ist, Gott in befriedigender Weise erkennen zu wollen, wenn du noch nicht mal Alypius recht kennst!

A: Das folgt nicht daraus. Denn wenn ich es mit den Gestirnen vergleiche, was gibt es dann Geringeres als mein Essen? Und doch weiß ich nicht, was ich morgen essen werde; daß ich aber weiß, in welche Phase der Mond treten wird, das kann ich ohne Anmaßung behaupten.

V: Es würde dir also beispielsweise genügen, Gott so zu erkennen, wie du weißt, welche Phase der Mond morgen durchlaufen wird?

A: Nein, das würde mir nicht genügen; denn das stelle ich durch die Wahrnehmung meiner Sinne fest. Ich weiß dabei nicht, ob Gott oder irgendeine geheime natürliche Ursache plötzlich die Ordnung im Laufe des Mondes ändert. Wenn das geschieht, ist meine ganze Annahme falsch.

V: Und glaubst du, daß der Fall eintreten könnte?

A: Das nicht. Mir geht es vielmehr um die Frage, was ich wissen kann, und nicht, was ich glauben darf. Bei all dem aber, was wir wissen, kann man vielleicht mit Recht sagen, wir glaubten es auch, aber nicht umgekehrt, wir wüßten auch alles, was wir glauben.

V: Du lehnst also hierbei jedes Zeugnis der Sinne ab?

A: Prorsus respuo.

R: Quid? illum familiarem tuum, quem te adhuc ignorare dixisti, sensu vis nosse an intellectu?

A: Sensu quidem quod in eo novi, si tamen sensu aliquid noscitur, et vile est et satis est; illam vero partem, qua mihi amicus est, id est ipsum animum, intellectu assequi cupio.

R: Potestne aliter nosci?

A: Nullo modo.

R: Amicum igitur tuum et vehementer familiarem audes tibi dicere esse ignotum?

A: Quidni audeam? Illam enim legem amicitiae iustissimam esse arbitror, qua praescribitur, ut sicut non minus ita nec plus quisque amicum quam semetipsum diligat. Itaque cum memetipsum ignorem, qua potest a me affici contumelia, quem mihi esse dixero ignotum, cum praesertim, ut credo, ne ipse quidem se noverit?

R: Si ergo ista, quae scire vis, ex eo sunt genere, quae intellectus assequitur, cum dicerem imprudenter te velle deum scire, cum Alypium nescias, non debuisti mihi coenam tuam et lunam proferre pro simili, si haec, ut dixisti, ad sensum pertinent.

A: Jawohl, ganz und gar.

V: Wie ist es denn bei deinem Freunde, den du angeblich immer noch nicht kennst? Willst du ihn mit den Sinnen oder verstandesmäßig erkennen?

A: Was ich durch die Sinne an ihm erkannt habe — wenn überhaupt durch die Sinne eine Erkenntnis möglich ist —, ist nebensächlich und genügt mir; doch den Teil, wodurch er mein Freund ist, und das ist nichts anders als seine Seele, den will ich mit dem Intellekte erfassen.

V: Kann man nicht auf einem anderen Wege zu einer Erkenntnis gelangen?

A: Keineswegs.

V: Du gehst also so weit, daß du dir sagst, du kenntest deinen Busenfreund nicht?

A: Weshalb sollte ich es nicht tun? Besteht doch jene Lebensregel von der Freundschaft nach meiner Ansicht zu recht, die vorschreibt, seinen Freund nicht weniger und nicht mehr zu lieben als sich selbst. Wenn ich mich daher selbst nicht kenne, wie kann ich ihn dann kränken durch meine Behauptung, ihn nicht zu kennen? Schon deshalb nicht, weil er nach meiner Überzeugung sich selbst nicht kennt.

V: Wenn also das, was du zu wissen verlangst, derart ist, daß es nur durch den Intellekt erfaßt wird, dann hättest du, als ich sagte, dein Verlangen nach Gotteserkenntnis verrate Anmaßung, da du nicht einmal Alypius kennst, mir nicht mit deinem Essen und dem Monde als Vergleichsgegenstand kommen dürfen, wo doch diese Dinge, wie du sagtest, zu den sinnfälligen gehören.

Caput IV

Sed quid ad nos? Nunc illud responde: Si ea, 9
quae de deo dixerunt Plato et Plotinus, vera
sunt, satisne tibi est ita deum scire, ut illi
sciebant?

Augustinus: Non continuo, si ea quae dixerunt, vera sunt, etiam scisse illos ea necesse
est. Nam multi copiose dicunt, quae nesciunt,
ut ego ipse omnia, quae oravi, me dixi scire
cupere; quod non cuperem, si iam scirem. Num
igitur eo minus illa dicere potui? Dixi enim,
non quae intellectu comprehendi, sed quae undecumque collecta memoriae mandavi et accommodavi, quantam potui, fidem; scire autem
aliud est.

Ratio: Dic, quaeso, scisne saltem in geometrica disciplina, quid sit linea?

A. Istud plane scio.

R: Nec in ista professione vereris Academicos?

A: Non omnino. Illi enim sapientem errare noluerunt; ego autem sapiens non sum. Itaque adhuc non vereor earum rerum, quas novi, scientiam profiteri. Quod si, ut cupio, pervenero ad
sapientiam, faciam, quod illa monuerit.

R: Nihil renuo; sed, ut quaerere coeperam, ita
ut lineam nosti, nosti etiam pilam, quam sphaeram nominant?

Erstes Buch

Kapitel 4

9. Aber das hat weiter nichts zu bedeuten. Gib mir jetzt auf folgendes Bescheid! Wenn die Lehre Platons und Plotins über Gott wahr ist, genügt es dir dann, Gott so zu erkennen, wie sie ihn erkannten?

A: Nur gemach! Wenn das, was sie von Gott sagten, wahr ist, so folgt nicht daraus, daß sie es auch wissen mußten. Es gibt nämlich Leute genug, die mit großem Aufwand von Worten über das reden, was sie nicht wissen, wie auch ich gesagt habe, ich verlangte all das zu wissen, worum ich gebetet habe. Ich würde ja nicht mehr danach verlangen, wenn ich es bereits wüßte. Hatte ich deshalb also weniger Grund, davon zu reden? Ich habe ja nichts vorgebracht, was ich durch den Intellekt erfaßt, vielmehr was ich von überallher gesammelt und meinem Gedächtnis eingeprägt hatte, und dem ich möglichst Glauben schenkte. Wissen ist aber etwas ganz anders.

V: So sag mir, bitte, weißt du wenigstens, was die Linie auf dem Gebiete der Geometrie ist?

A: Das weiß ich recht gut.

V: Und fürchtest du bei dieser Behauptung nicht die Akademiker?

A: Keineswegs. Jene Philosophen gaben nicht zu, daß der Weise sich irre; ich aber bin nicht weise. Deshalb behaupte ich einstweilen noch unbedenklich, das zu wissen, was ich weiß. Wenn ich nach meinem Wunsche zur Weisheit gelange, werde ich tun, was sie verlangt.

V: Dagegen habe ich nichts einzuwenden. Aber um auf unsere Untersuchung zurückzukommen, kennst du den ballförmigen Körper, den man Kugel nennt, ebenso wie du die Linie kennst?

A: Novi.

R: Aeque utrumque nosti an aliud alio magis aut minus?

A: Aeque prorsus; nam in utroque nihil fallor.

R: Quid haec, sensibusne percepisti an intellectu?

A: Imo sensus in hoc negotio quasi navim sum expertus. Nam cum ipsi me ad locum, quo tendebam, pervexerint, ubi eos dimisi et iam velut in solo positus coepi cogitatione ista volvere, diu mihi vestigia titubarunt. Quare citius mihi videtur in terra posse navigari quam geometricam sensibus percipi, quamvis primo discentes aliquantum adiuvare videantur.

R: Ergo istarum rerum disciplinam, si qua tibi est, non dubitas vocari scientiam?

A: Non, si Stoici sinant, qui scientiam tribuunt nulli nisi sapienti. Perceptionem sane istorum me habere non nego, quam etiam stultitiae concedunt; sed nec istos quidquam pertimesco. Prorsus haec, quae interrogasti, scientia teneo; perge modo, videam, quorsum ista quaeris!

R: Ne propera, otiosi simus! Intentus tantum accipe, ne quid temere concedas! Gaudentem te studeo reddere de rebus, quibus nullum casum pertimescas, et, quasi parvum negotium sit, praecipitare iubes.

A: Freilich.

V: Kennst du beide in gleichem Grade oder das eine mehr oder weniger als das andere?

A: Durchaus in gleicher Weise. Denn weder bei dem einen noch andern ist für mich ein Irrtum möglich.

V: Wie verhält es sich nun hier? Verdankst du diese Erkenntnis einer sinnlichen Wahrnehmung oder dem Intellekte?

A: Allerdings habe ich mit den Sinnen hierbei die Erfahrung gemacht wie mit einem Schiff. Als sie mich an mein Ziel brachten, habe ich sie verabschiedet; und an Land gekommen, wenn ich so sagen darf, habe ich anfänglich ausgiebig darüber nachgedacht, aber lange haben meine Schritte geschwankt. Daher kann man, wie ich glaube, leichter zu Lande mit dem Schiffe vorwärts kommen als Geometrie mit Hilfe der Sinne erfassen, wenn sie auch anscheinend den Anfängern etwas dienlich sein können.

V: Du stehst also nicht an, die Kenntnis dieser Dinge, wenn du sie besitzest, mit Wissen zu bezeichnen?

A: Nein, falls die Stoiker es mir gestatten, die ja nur bei einem Weisen ein Wissen gelten lassen. Ich muß freilich zugeben, daß ich die Art der Erkenntnis besitze, die sie sogar den Einfältigen einräumen. Aber ich habe keinerlei Furcht vor Leuten dieses Schlages. Ich bin durchaus sicher, das wirklich zu wissen, wonach du gefragt hast. Fahr also ruhig fort; ich will sehen, wo du mit deinen Fragen hinauswillst.

V: Nur gemach; wir wollen uns Zeit lassen. Paß nur gut auf, was ich sage, damit du mir nicht so blindlings zustimmst! Ich möchte dir gerne die Freude einer Erkenntnis machen, bei der du keinen bösen Reinfall zu befürchten brauchst; und da hast du es so eilig, als wenn das eine leichte Aufgabe wäre.

A: Ita deus faxit, ut dicis. Itaque arbitrio tuo rogato et obiurgato gravius, si quidquam tale posthac.

R: Ergo lineam in duas lineas per longum scindi manifestum tibi est nullo modo posse.

A: Manifestum.

R: Quid transversim?

A: Quid, nisi infinite secari posse?

R: Quid sphaeram ex una qualibet parte a medio ne duos quidem pares circulos habere posse pariter lucet?

A: Pariter omnino.

R: Quid linea et sphaera? unumne aliquid tibi videntur esse an quidquam inter se differunt?

A? Quis non videat differre plurimum?

R: At si aeque illud atque hoc nosti et tamen inter se, ut fateris, plurimum differunt, est ergo differentium rerum scientia indifferens?

A: Quis enim negavit?

R: Tu paulo ante; nam cum te rogassem, quomodo velis deum nosse, ut possis dicere: satis est, respondisti te ideo nequire hoc explicare, quia nihil haberes perceptum similiter atque deum cupis percipere, nihil enim te scire deo simile. Quid ergo nunc? Linea vel sphaera similes sunt?

A: Quis hoc dixerit?

A: Gebe Gott, daß deine Verheißung in Erfüllung geht! Befrag mich also nach Belieben und tadele mich allen Ernstes, wenn ich wieder in diesen Fehler fallen sollte!

10. Vernunft: Du bist dir also ganz klar darüber, daß man eine Linie keineswegs der Länge nach in zwei Linien aufspalten kann?

Augustinus: Jawohl.

V: Wie steht es denn mit einem Querschnitt?

A: Die Zahl der Möglichkeiten ist sicher unbegrenzt.

V: Und weiter. Ist es nicht ebenso klar, daß auf einer Kugel um einen mehr oder weniger vom Zentrum entfernten Punkt nur ein Kreis möglich ist?

A: Das ist ebenso klar.

V: Betrachten wir nun Linie und Kugel! Sind sie nach deiner Ansicht ein und dasselbe oder unterscheiden sie sich irgendwie untereinander?

A: Wer sähe nicht, daß sie grundverschieden sind?

V: Aber wenn du in gleicher Weise die eine und die andere kennst und sie nach deinem Zugeständnis doch grundverschieden sind, so gibt es also ein unterschiedsloses Wissen bei Dingen, die verschieden sind?

A: Wer hätte das je in Abrede gestellt?

V: Du selbst soeben. Als ich fragte, wie du Gott kennen wollest, um sagen zu können: Das genügt mir, da hast du mir geantwortet, du könntest es mir nicht erklären, weil es nichts gäbe, wovon du einen derartigen Begriff hättest, wie du ihn von Gott haben möchtest, da du nichts kenntest, was Gott ähnlich sei. Was sagst du denn jetzt? Sind Linie und Kugel einander ähnlich?

A: Das könnte man nicht behaupten.

R: Sed ego quaesiveram, non quid tale scires sed quid scires sic, quomodo deum scire desideras. Sic enim nosti lineam, ut nosti sphaeram, cum se non sic habeat linea, ut se habet sphaera. Quamobrem responde, utrum tibi satis sit sic deum nosse, ut pilam illam geometricam nosti, hoc est, ita de deo nihil, ut de illa, dubitare.

Caput V

Augustinus: Quaeso te, quamvis vehementer urgeas atque convincas, non audeo tamen dicere ita me velle deum scire, ut haec scio. Non solum enim res sed ipsa etiam scientia mihi videtur esse dissimilis. Primo quia nec linea et pila tantum inter se differunt, ut tamen eorum cognitionem una disciplina non contineat; nullus autem geometres deum se docere professus est. Deinde, si dei et istarum rerum scientia par esset, tantum gauderem, quod ista novi, quantum me deo cognito gavisurum esse praesumo. Nunc autem permultum haec in illius comparatione contemno, ut nonnunquam videatur mihi, si illum intellexero, et modo illo, quo videri potest, videro, haec omnia de mea notitia esse peritura, siquidem nunc prae illius amore iam vix mihi veniunt in mentem. 11

Ratio: Esto plus te ac multo plus quam de istis deo cognito gavisurum, rerum tamen non intellectus dissimilitudine; nisi forte alio visu terram,

V: Also, ich hatte dich gefragt, nicht etwa, was du kennst, das so wie Gott ist, sondern was du auf die Weise kennst, wie du Gott kennen möchtest. Du kennst nun die Linie wie die Kugel, obschon die Linie nicht die Beschaffenheit hat wie die Kugel. Also, antworte mir: Genügt es dir, Gott so zu kennen, wie du die Kugel in der Geometrie kennst, d. h. über Gott ebensowenig im Zweifel zu sein wie über sie?

Kapitel 5

11. Augustinus: Aber bitte; wenn du mich auch noch so arg in die Enge treibst und mit aller Gewalt matt setzen willst, so bringe ich es dennoch nicht über mich zuzugeben, daß ich Gott so kennen will, wie ich das kenne. Denn soviel ich sehe, ist hier ein Unterschied in den Objekten und sogar im Wissen selbst vorhanden. Zunächst sind ja Linie und Kugel nicht so verschieden von einander, daß ihr Studium nicht zu ein und demselben Lehrfach gehörte. Noch nie hat aber ein Geometer für sich in Anspruch genommen, er vermittele mit seiner Lehre eine Erkenntnis von Gott. Und weiter: Wäre das Wissen von Gott und von diesen Dingen gleich, so würde mir ihre Kenntnis ebensoviel Freude machen, wie ich es bei einer Erkenntnis Gottes annehme. Nun aber schätze ich sie bei einem Vergleich mit ihm nur gering ein. Es kommt mir zuweilen sogar so vor, wenn ich ihn begriffen hätte und so sähe, wie er gesehen werden kann, würde all diese Erkenntnis aus meinem Gedächtnisse schwinden, wo ich ja jetzt schon bei der Liebe zu ihm kaum noch an so was denke.

Vernunft: Gut, ich gebe zu, daß die Erkenntnis Gottes dir mehr, weit mehr Freude bereiten wird als das Wissen um diese Dinge, aber das kommt von der

alio serenum coelum intueris, cum tamen multo
plus illius quam huius aspectus te permulceat.
Oculi autem si non falluntur, credo te interrogatum, utrum tibi tam certum sit terram te videre
quam coelum, tam tibi certum esse respondere
debere, quamvis non tam terrae quam coeli
pulchritudine atque splendore laeteris.

A: Movet me, fateor, haec similitudo adducorque,
ut assentiar, quantum in suo genere a coelo terram, tantum ab intelligibili dei maiestate spectamina illa disciplinarum vera et certa differe.

Caput VI

Ratio: Bene moveris. Promittit enim ratio, 12
quae tecum loquitur, ita se demonstraturam
deum tuae menti, ut oculis sol demonstratur.
Nam mentis quasi sui sunt oculi sensus animae;
disciplinarum autem quaeque certissima talia
sunt, qualia illa, quae sole illustrantur, ut videri
possint, veluti terra est atque terrena omnia.
Deus autem est ipse, qui illustrat. Ego autem
ratio ita sum in mentibus, ut in oculis est aspectus. Non enim hoc est habere oculos, quod aspicere; aut item hoc est aspicere, quod videre. Ergo
animae tribus quibusdam rebus opus est: ut oculos habeat, quibus iam bene uti possit, ut aspiciat, ut videat. Oculi sani mens est ab omni
labe corporis pura, id est, a cupiditatibus rerum
mortalium iam remota atque purgata; quod ei

Verschiedenheit der Objekte, nicht der Einsicht. Du betrachtest ja auch mit denselben Augen die Erde wie auch den heiteren Himmel; der Anblick des Himmels hat aber doch wohl für dich einen weit höheren Reiz. Wenn nun deine Augen dich nicht täuschen, so mußt du wohl auf die Frage: Bist du ebenso sicher, die Erde wie den Himmel zu sehen? eingestehen, ebenso sicher zu sein, obgleich dich die glänzende Schönheit des Himmels weit mehr entzückt als die Erde.

A: Ich kann tatsächlich den Eindruck nicht verleugnen, den dieser Vergleich auf mich macht. Er nötigt mir das Zugeständnis ab, daß der Unterschied ebenso groß ist zwischen der geistig erkennbaren Majestät Gottes und diesen unzweifelhaft wahren und sicheren wissenschaftlichen Beweisen, wie in seiner Art der Himmel sich von der Erde unterscheidet.

Kapitel 6

12. **Vernunft**: Du hast allen Grund, betroffen zu sein. Die Vernunft, die mit dir redet, verspricht, deiner Einsicht Gott so zu zeigen, wie deine Augen die Sonne sehen. Auch der Geist hat sozusagen seine Augen: die Sinne der Seele. Mit allen ganz sicheren Ergebnissen der Wissenschaften verhält es sich ebenso wie mit den Dingen, die die Sonne erhellt und sichtbar macht, wie beispielsweise die Erde und alle irdischen Dinge. Aber Gott selbst ist es, der die Erleuchtung gibt. Ich aber, die Vernunft, bin für den Geist das, was der Blick ist für die Augen. Augen haben und Ansehen ist zweierlei; und ebenso verhält es sich mit Ansehen und Erkennen. Die Seele hat demnach dreierlei nötig: Sie muß Augen haben, die leistungsfähig sind; sie muß hinsehen und wahrnehmen. Gesunde Augen das heißt soviel wie eine Geisteskraft, die frei ist von jedem leiblichen Makel,

nihil aliud praestat quam fides primo. Quod enim adhuc ei demonstrari non potest vitiis inquinatae atque aegrotanti, quia videre nequit nisi sana; si non credat aliter se non esse visuram, non dat operam suae sanitati. Sed quid, si credat quidem ita se rem habere, ut dicitur, atque ita se, si videre potuerit, esse visuram, sanari se tamen posse desperet, nonne se prorsus abicit atque contemnit nec praeceptis medici obtemperat?

Augustinus: Omnino ita est, praesertim quia ea praecepta necesse est, ut morbus dura sentiat.

R: Ergo fidei spes adicienda est.
A: Ita credo.
R: Quid, si et credat ita se habere omnia et se speret posse sanari, ipsam tamen, quae promittitur, lucem non amet, non desideret suisque tenebris, quae iam consuetudine iucundae sunt, se arbitretur debere interim esse contentam, nonne medicum illum nihilominus respuit?

A: Prorsus ita est.
R· Ergo tertia caritas necessaria est.
A. Nihil omnino tam necessarium.
R: Sine tribus istis igitur anima nulla sanatur, ut possit deum suum videre, id est intelligere.

Cum ergo sanos habuerit oculos, quid restat?

d. h. frei und rein von jeder Begierde nach vergänglichen Dingen; und das kann ihr in erster Linie nur der Glaube geben. Aber diese Erkenntnis wird ihr nicht zu teil, solange sie von der Krankheit des Lasters infiziert ist; denn sie kann nur in gesundem Zustande sehen. Und wenn sie nicht zur Überzeugung gelangt ist, daß sie nur in dieser Verfassung sehen kann, ist sie auch nicht auf ihre Gesundung bedacht. Aber wie ist es nun, wenn sie zwar überzeugt ist, daß es sich so verhält, wie man sagt, daß sie nämlich wirklich sehen wird, sobald sie in der Lage ist zu sehen, und dann doch an der Möglichkeit ihrer Heilung verzweifelt? Gibt sie sich dann nicht ganz auf und wird ganz gleichgültig und folgt nicht mehr den Weisungen des Arztes?

A u g u s t i n u s : So ist es wirklich; und besonders deshalb, weil unausbleiblich die Verordnungen des Arztes den Kranken die Bitterkeit der Pillen empfinden lassen.

V: Zum Glauben muß also noch die Hoffnung kommen.

A: Das ist auch meine Meinung.

V: Aber wie ist es, wenn die Seele auch überzeugt ist, daß dem wirklich so ist, und zwar Heilung erhofft, aber das ihr verheißene Licht nicht liebt, nicht ersehnt und glaubt, sich vorderhand zufrieden geben zu müssen mit ihrer finsteren Blindheit, die ihr durch die Gewohnheit lieb geworden ist? Weist sie dann nicht trotz alledem den Arzt zurück?

A: Das unterliegt gar keinem Zweifel.

V: Dann ist also als Dritte im Bunde die Liebe nötig.

A: Es gibt gar nichts, was nötiger wäre.

V: Ohne diesen Dreibund findet keine Seele die Heilung, daß sie Gott sehen, d. h. geistig erfassen kann.

13. Wenn ihr Auge schließlich geheilt ist, was bleibt dann noch?

A: Ut aspiciat.

R: Aspectus animae ratio est; sed quia non sequitur, ut omnis, qui aspicit, videat, aspectus rectus atque perfectus, id est, quem visio sequitur, virtus vocatur; est enim virtus vel recta vel perfecta ratio. Sed et ipse aspectus quamvis iam sanos oculos convertere in lucem non potest, nisi tria illa permaneant: fides, qua credat ita se rem habere, ad quam convertendus aspectus est, ut visa faciat beatum; spes qua cum bene aspexerit, se visurum esse praesumat; caritas, qua videre perfruique desideret. Iam aspectum sequitur ipsa visio dei, qui est finis aspectus; non quod iam non sit, sed quod nihil amplius habeat, quo se intendat. Et haec est vere perfecta virtus, ratio perveniens ad finem suum, quam beata vita consequitur. Ipsa autem visio intellectus est ille, qui in anima est, qui conficitur ex intelligente et eo, quod intelligitur; ut in oculis videre quod dicitur, ex ipso sensu constat atque sensibili, quorum detracto quolibet videri nihil potest.

Caput VII

Ergo cum animae deum videre, hoc est deum intelligere, contigerit, videamus, utrum adhuc ei tria illa sint necessaria! Fides quare sit necessaria, cum iam videat? Spes nihilominus, quia iam tenet. Caritati vero non solum nihil detrahetur, sed addetur etiam plurimum. Nam et illam

A: Daß sie hinsieht.

V: Das Sehvermögen der Seele ist die Vernunft. Aber nicht jeder, der hinsieht, muß auch wirklich sehen. Daher hat der richtig gerichtete und vollendete Blick, d. h. der, auf den die Schau folgt, den Ehrentitel einer Tugend. Tugend ist ja in Wirklichkeit nichts anders als eine wohlausgerichtete, vollkommene Kraft der Vernunft. Aber auch das Gesicht kann selbst die bereits geheilten Augen nicht zum Lichte wenden ohne die beharrliche Unterstützung dieser drei Affekte: den Glauben an die Tatsache, daß die Schau dessen, worauf sein Blick gerichtet ist, ihn wirklich glücklich macht; die Hoffnung, die seinem richtigen Blick die Schau verheißt; die Liebe, mit der er die Schau und den Genuß herbeisehnt. Dann folgt dem Blick die Schau Gottes als Ruhepunkt, nicht weil der Blick aufhört, sondern weil er nichts mehr hat, dem er sich zuwenden kann. Und gerade darin besteht die wahrhafte Vollkommenheit der Tugend: die zur höchsten Vollendung gelangte Vernunft, die das glückselige Leben zur Folge hat. Die Schau selbst aber ist die Wahrnehmung in der Seele, die sich vollzieht im Verein vom Begreifenden und Begriffenen; so wie es auch ist, wenn man vom leiblichen Sehen spricht: Es setzt das Sinnesorgan und ein sinnlich wahrnehmbares Objekt voraus; nimmt man das eine oder andere weg, so ist keine Schau möglich.

Kapitel 7

14. Ist nun die Seele dazu gekommen, Gott zu sehen, d. h. zu begreifen, hat sie dann immer noch die drei Tugenden nötig? Das wollen wir prüfen. Weshalb sollte der Glaube noch nötig sein, da die Seele ja schon sieht? Und ebenso die Hoffnung, da sie ja schon in den Besitz gelangt ist? Die Liebe aber erleidet

singularem veramque pulchritudinem cum viderit, plus amabit; et nisi ingenti amore oculum infixerit nec ab aspiciendo uspiam declinaverit, manere in illa beatissima visione non poterit. Sed dum in hoc corpore est anima, etiamsi plenissime videat, hoc est intelligat deum, tamen, quia etiam corporis sensus utuntur opere proprio, si nihil quidem valent ad fallendum, non tamen nihil ad non ambigendum, potest adhuc dici fides ea, qua his resistitur et illud potius verum esse creditur. Item quia in ista vita, quamquam deo intellecto anima iam beata sit, tamen, quia multas molestias corporis sustinet, sperandum est ei post mortem omnia ista incommoda non futura. Ergo nec spes, dum in hac est vita, animam deserit. Sed cum post hanc vitam tota se in deum collegerit, caritas restat, qua ibi teneatur. Nam neque dicenda est fidem habere, quod illa sint vera, quando nulla falsorum interpellatione sollicitatur; neque quidquam sperandum ei restat, cum totum secura possideat. Tria igitur ad animam pertinent, ut sana sit, ut aspiciat, ut videat. Alia vero tria, fides, spes et caritas, primo illorum trium et secundo semper sunt necessaria; tertio vero in hac vita omnia; post hanc vitam sola caritas.

nicht die geringste Einbuße, ja sie erhält sogar noch einen wesentlichen Zuwachs. Denn in der Tat wird ihre Liebe größer, wenn die Seele diese einzigartige und wahre Schönheit sieht. Und doch! Wenn nicht eine überaus starke Liebe das Auge hingebannt hält, ohne ihm die geringste Abschweifung zu gestatten, kann sie nicht in der beseligenden Schau verharren. Solange nämlich die Seele in diesem Leibe wohnt, werden trotz der hellsten Sicht, d. h. der Schau Gottes, die leiblichen Sinne ihre angeborene Aufgabe erfüllen müssen. Und wenn sie nun nicht wirksam genug sind zu einer Täuschung, es jedoch irgendwie vermögen, dem Zweifel keinen Raum zu geben, so kann man also noch immer mit Glauben die Kraft bezeichnen, die ihnen Widerstand leistet und dem Glauben an die Wahrheit den Vorzug gibt. Ebenso ist es mit der Hoffnung. Wenn in diesem Leben die Erkenntnis Gottes die Seele auch schon beglückt, so hat sie doch mancherlei Beschwerden des Leibes zu tragen. So muß die Hoffnung ihr zur Seite stehen, daß nach dem Tode all diese Gebrechen aufhören. Die Hoffnung verläßt also die Seele nicht, solange sie auf Erden ist. Aber wenn sie nach diesem Leben ihre ganze Konzentration in Gott gefunden hat, dann bleibt nur noch die Liebe übrig, um sie dort festzuhalten. Denn man kann nicht mehr von ihr sagen, sie glaube an die Wahrheit, weil ja jede Störung eines Irrtums ausgeschlossen ist, die sie in Unruhe versetzen könnte. Auch die Hoffnung hat keinen Raum mehr bei ihr, da sie mit vollem Sicherheitsgefühl ihr Alles besitzt. Drei Voraussetzungen muß die Seele also erfüllen: Sie muß gesund sein, hinschauen und sehen. Was aber die anderen Drei angeht: Glaube, Hoffnung und Liebe, so sind sie immer unerläßlich für die erste und zweite Voraussetzung; ebenso für die dritte in diesem Leben; nach diesem Leben genügt die Liebe allein.

Caput VIII

Nunc accipe, quantum praesens tempus exposcit, 15
ex illa similitudine sensibilium etiam de deo
aliquid nunc me docente! Intelligibilis nempe
deus est, intelligibilia etiam illa disciplinarum
spectamina; tamen plurimum differunt. Nam et
terra visibilis et lux, sed terra, nisi luce illustrata,
videri non potest. Ergo et illa, quae in disciplinis
traduntur, quae quisquis intelligit, verissima esse
nulla dubitatione concedit, credendum est ea non
posse intelligi, nisi ab alio quasi suo sole illustrentur. Ergo quomodo in hoc sole tria quaedam licet animadvertere; quod est, quod fulget,
quod illuminat, ita in illo secretissimo deo, quem
vis intelligere, tria quaedam sunt: quod est, quod
intelligitur et quod caetera facit intelligi. Haec
duo, id est teipsum et deum, ut intelligas, docere
te audeo. Sed responde, quomodo haec acceperis,
ut probabilia an ut vera?

A u g u s t i n u s : Plane ut probabilia, et in spem,
quod fatendum est, maiorem surrexi; nam praeter
illa duo de linea et pila nihil abs te dictum est,
quod me scire audeam dicere.

R a t i o : Non est mirandum; non enim quidquam
est adhuc ita expositum, ut abs te sit flagitanda
perceptio.

Kapitel 8

15. Vernimm nun unter meiner Leitung, wie es jetzt geboten erscheint, aus dem Vergleich mit Dingen aus der Welt der sinnlichen Wahrnehmung einige Belehrungen über Gott selbst! Gott ist freilich nur durch den Verstand zu erfassen; durch den Verstand auch die wissenschaftlichen Beweise; aber dennoch ist ein arg großer Unterschied vorhanden: Die Erde ist zwar sichtbar wie auch das Licht; aber die Erde kann man nur sehen, wenn sie vom Lichte beleuchtet wird. Nun, so verhält es sich auch mit den wissenschaftlichen Beweisen. Wer sie erfaßt, muß ihre absolute Richtigkeit unbedingt zugeben. Dabei drängt sich einem der Gedanke auf, daß ihre Erkenntnis nur dadurch möglich ist, weil sie von einer Art Sonne beleuchtet werden, die ihnen eigen ist. Man kann darum auch wie bei unserer Sonne drei Merkmale unterscheiden: Sie existiert, sie sendet Strahlen aus, sie verbreitet Helligkeit. So kann man auch bei dem so verborgenen Gott, den du begreifen willst, drei Feststellungen machen: Er existiert, er ist erkennbar und macht alles andere erkennbar. Von diesen Zweien, von dir selbst und Gott, will ich dir eine Erkenntnis verschaffen; diese schwierige Aufgabe will ich auf mich nehmen. Aber sag mir, wie du zu dieser Auffassung stehst! Hältst du sie für wahrscheinlich oder für wahr?

A u g u s t i n u s : Entschieden nur für wahrscheinlich; und ich muß gestehen, ich hatte meine Hoffnung weit höher geschraubt; aber außer den beiden Betrachtungen über die Linie und Kugel hast du nichts vorgebracht, wo ich mich zu dem Geständnis herbeilassen könnte, daß ich es wirklich weiß.

V e r n u n f t : Das ist weiter nicht verwunderlich, denn bisher habe ich dir noch nichts so dar- und klargelegt, daß ich von dir ein vollständiges Verständnis hätte verlangen können.

Caput IX

Sed quid moramur? Aggredienda est via; videamus tamen, quod praecedit omnia, utrum sani simus.

Augustinus: Hoc tu videris, si vel in te vel in me aliquantum aspicere potes; ego quaerenti, si quid sentio, respondebo.

Ratio: Amasne aliquid praeter tui deique scientiam?

A: Possem respondere nihil me amare amplius pro eo sensu, qui mihi nunc est; sed tutius respondeo nescire me. Nam saepe mihi usu venit, ut cum alia nulla re me crederem commoveri, veniret tamen aliquid in mentem, quod me multo aliter atque praesumpseram pungeret. Item saepe, quamvis in cogitationem res aliqua incidens non me pervellerit, re vera tamen veniens perturbavit plus quam putabam; sed modo videor mihi tribus tantum rebus posse commoveri: metu amissionis eorum, quos diligo, metu doloris, metu mortis.

R: Amas ergo et vitam tecum carissimorum tuorum et bonam valetudinem tuam et vitam tuam ipsam in hoc corpore; neque enim aliter amissionem horum metueres.

A: Fateor, ita est.

R: Modo ergo, quod non omnes tecum sunt amici tui et quod tua valetudo minus integra est, fa-

Erstes Buch

Kapitel 9

16. Aber was halten wir uns hierbei auf! Wir müssen weiterkommen. Wir wollen jedoch zuerst zusehen, ob wir seelisch gesund sind; denn das ist die Voraussetzung für alles.

A u g u s t i n u s : Das kannst du feststellen, wenn du in der Lage bist, in meinem oder deinem Innern dich in etwa umzusehen. Frage mich, und ich will dir über all meine Wahrnehmungen Rede und Antwort stehen!

V e r n u n f t : Liebst du noch etwas außer dem Wissen über dich und Gott?

A: Ich könnte in meiner jetzigen Verfassung antworten, daß ich weiter nichts liebe; aber um sicherer zu gehen, will ich sagen, daß ich es nicht weiß; denn es ist mir schon oft vorgekommen, wenn ich auch glaubte, alles andere lasse mich ganz kalt und gleichgültig, daß mir trotzdem etwas einfiel, was mich gegen alles Erwarten arg plagte. Ebenso hat mich manchmal etwas gar nicht weiter berührt, wenn ich zufällig daran dachte, aber wenn es zur Tatsache geworden war, über Erwarten außer Fassung gebracht. Freilich traue ich es mir zur Zeit zu, daß nur drei Dinge auf mich einen stärkeren Eindruck machen können: der Verlust geliebter Personen, die Furcht vor dem Schmerz, die Furcht vor dem Tode.

V: Du liebst also das Zusammenleben mit Personen, die dir lieb und teuer sind, deine Gesundheit und dein leibliches Leben; sonst würdest du den Verlust nicht fürchten.

A: Ja, das gebe ich zu.

V: Zur Zeit also, wo nicht all deine Freunde bei dir sind, und wo deine Gesundheit zu wünschen läßt,

cit animo nonnullam aegritudinem; nam et id consequens video.

A: Recte vides; negare non possum.

R: Quid, si te repente sano esse corpore sentias et probes tecumque omnes, quos diligis, concorditer liberali otio frui videas, nonne aliquantum tibi etiam laetitia gestiendum est?

A: Vere aliquantum; imo, si haec praesertim, ut dicis, repente provenerint, quando me capiam, quando id genus gaudii vel dissimulare permittar?

R: Omnibus igitur adhuc morbis animi et perturbationibus agitaris. Quaenam ergo talium oculorum impudentia est velle illum solem videre?

A: Ita conclusisti, quasi prorsus non sentiam, quantum sanitas mea promoverit aut quid pestium recesserit quantumque restiterit. Fac me istud concedere.

Caput X

R a t i o : Nonne vides hos corporis oculos etiam sanos luce solis istius saepe repercuti et averti atque ad illa sua obscura confugere? Tu autem, quid promoveris, cogitas, quid velis videre, non cogitas; et tamen tecum hoc ipsum discutiam, quid profecisse nos putas. Divitias nullas cupis?

macht dir das einige Sorge. Das ist die natürliche Folge, die ich sehe.

A: Die siehst du unleugbar richtig.

V: Wenn du dich nun plötzlich gesund fühltest und es auch nachweisbar wäre, und wenn du alle, die du lieb hast, in trautem Verein mit dir zu behaglicher, vornehmer Geistesarbeit versammelt sähest, würdest du dann nicht deiner Freude auch irgendwie Luft machen?

A: Wahrhaftig und wie! Und ganz besonders dann, wenn das nach deiner Annahme plötzlich erfolgen sollte, wie könnte ich mich dann fassen, wie es gar über mich bringen, die Freude hierüber zu unterdrücken?

V: Du bist also immer noch ein Spielball aller seelischen Krankheitszustände und der Affekte. Welch dreiste Anmaßung, wenn solche Augen jene Sonne sehen wollen!

A: Du kommst zu diesem Schluß, als wenn ich mir ganz und gar nicht bewußt wäre, welche Fortschritte meine Gesundung schon gemacht hat, oder welche Krankheitskeime ich los geworden bin, und was noch übrig geblieben ist. Gestatte mir dieses vorbehaltliche Geständnis!

Kapitel 10

17. Vernunft: Siehst du nicht, wie deine leiblichen Augen, selbst wenn sie gesund sind, durch den Glanz der Sonne oft abgestoßen und abgelenkt werden und in ihr geliebtes Dunkel entfliehen? Du, du denkst nur an deine Fortschritte; an das Objekt, das du sehen willst, denkst du nicht. Aber dennoch will ich gerade darauf näher eingehen, worin wir nach deiner Meinung Fortschritte gemacht haben. Trägst du kein Verlangen nach Geld und Gut?

Augustinus: Hoc quidem non nunc primum. Nam cum triginta tres annos agam, quatuordecim fere anni sunt, ex quo ista cupere destiti nec aliud quidquam in his, si quo casu offerrentur, praeter necessarium victum liberalemque usum cogitavi. Prorsus mihi unus Ciceronis liber facillime persuasit nullo modo appetendas esse divitias, sed si provenerint, sapientissime atque cautissime administrandas.

R: Quid honores?

A: Fateor eos modo ac pene his diebus cupere destiti.

R: Quid uxor? Nonne te delectat interdum pulchra, pudica, morigera, litterata vel quae abs te facile possit erudiri afferens etiam dotis tantum, quoniam contemnis divitias, quantum eam prorsus nihilo facit onerosam otio tuo, praesertim si speres certusque sis nihil ex ea te molestiae esse passurum?

A: Quantumlibet velis eam pingere atque cumulare bonis omnibus, nihil mihi tam fugiendum quam concubitum esse decrevi; nihil esse sentio, quod magis ex arce deiciat animum virilem quam blandimenta feminea corporumque ille contactus, sine quo uxor haberi non potest. Itaque si ad officium pertinet sapientis, quod nondum comperi, dare operam liberis, quisquis rei huius tan-

Augustinus: Nein, und das nicht erst von heute an. Ich bin jetzt 33 Jahre alt; es sind etwa 14 Jahre her, seitdem ich keine derartigen Wünsche mehr hege. Sollte ich durch irgendeinen Zufall zu Reichtum kommen, so kann ich mir nichts anderes vorstellen, als daß ich ihn zu meinem Lebensunterhalt und zu wohltätigen Zwecken verwenden würde. So gründlich und leicht hat mich das eine Buch Ciceros überzeugt, daß Reichtum in keiner Weise erstrebenswert sei; wenn er einem aber in den Schoß fiele, müsse man bei seiner Verwaltung die größte Klugheit und Vorsicht walten lassen.

V: Wie steht es mit Ruhm und Karriere?

A: Erst seit kurzem, muß ich leider gestehen, ja erst seit ein paar Tagen trage ich kein Verlangen mehr danach.

V: Wie stehst du zu einer Gattin? Hat nicht zuweilen doch die etwas Anziehendes für dich, die schön, sittsam, liebenswürdig, gebildet ist oder es unter deiner Leitung leicht werden kann; die dir, da dir ja der Reichtum höchst gleichgültig ist, gerade so viel an Mitgift mitbringt, daß sie dir bei deiner freien Betätigung in keiner Weise zur Last fällt, besonders dann, wenn du hoffen darfst und sicher sein kannst, daß sie dir keinen Anlaß zu irgendeinem Mißbehagen geben wird?

A: Du magst sie in den hellsten Farben ausmalen, sie krönen mit allen Vorzügen, so gibt es doch nichts, dem ich so fest entschlossen entsage wie den Beziehungen zu einer Frau. Nichts gibt es nach meinem Gefühl, das den hochstrebenden Sinn eines Mannes mehr herabwürdigt als weibische Liebkosungen und der intime Verkehr, ohne den der Besitz einer Frau nicht möglich ist. Wenn es daher zu den Verpflichtungen eines

tum gratia concumbit, mirandus mihi videri potest at vero imitandus nullo modo; nam tentare hoc periculosius est quam posse felicius. Quamobrem satis, credo, iuste atque utiliter pro libertate animae mihi imperavi non cupere, non quaerere, non ducere uxorem.

R: Non ego nunc quaero, quid decreveris, sed utrum adhuc lucteris an vero iam ipsam libidinem viceris. Agitur enim de sanitate oculorum tuorum.

A: Prorsus nihil huiusmodi quaero, nihil desidero; etiam cum horrore atque aspernatione talia recordor. Quid vis amplius? Et hoc mihi bonum in dies crescit; nam quanto augetur spes videndae illius, qua vehementer aestuo, pulchritudinis, tanto ad illam totus amor voluptasque convertitur.

R: Quid ciborum iucunditas? Quantae tibi curae est?

A: Ea quae statui non edere, nihil me commovent. Iis autem, quae non amputavi, delectari me praesentibus fateor, ita tamen, ut sine ulla permotione animi vel visa vel gustata subtrahantur. Cum autem non adsunt prorsus, non audet haec appetitio se inserere ad impedimentum cogi-

Weisen gehört — was für mich nicht recht ersichtlich ist — für Nachkommenschaft zu sorgen, so können alle, die nur zu dem Zwecke mit einer Frau verkehren, nur meine Verwunderung erregen, aber in keiner Weise Nachahmung verdienen; denn das ist ein Unterfangen, wo die Gefahr größer ist als die Möglichkeit des Glückes. Daher habe ich, wie ich glaube, mit gutem Recht und zu Nutz und Frommen meiner seelischen Freiheit mir die Gewalt angetan, keine Frau zu begehren, zu suchen und heimzuführen.

V: Ich frage hier nicht nach deinem Entschluß, sondern ob du noch zu kämpfen oder aber die sinnliche Begierde schon ganz in dir ertötet hast. Es handelt sich ja um den Gesundheitszustand deiner Augen.

A: Ach nein, ich suche nichts, ich ersehne nichts Derartiges. Ja, nur mit Widerstreben und Abscheu kann ich an solche Dinge zurückdenken. Was willst du noch mehr? Und diese Besserung nimmt noch bei mir zu von Tag zu Tag. Je mehr meine Hoffnung wächst, jene Schönheit zu schauen, für die ich heftig entbrannt bin, desto mehr suche ich gerade in ihr die Befriedigung meines Liebesbedürfnisses.

V: Und die Lust an Speise und Trank? Was machst du dir daraus?

A: Wenn ich beim Essen auf bestimmte Gerichte verzichten will, macht es mir gar nichts aus. Die ich aber nicht von der Speisekarte gestrichen habe, können meinen Appetit reizen, das muß ich gestehen, aber doch nur insoweit, daß mich ihre Wegnahme gar nicht weiter berührt, selbst wenn ich sie schon gesehen und verkostet habe. Wenn sie überhaupt nicht zur Verfügung stehen, kann sich das Verlangen danach

tationibus meis. Sed omnino sive de cibo et potu,
sive de balneis caeteraque corporis voluptate
nihil interroges; tantum habere appeto, quantum
in valetudinis opem conferri potest.

Caput XI

Ratio: Multum profecisti; ea tamen, quae
restant, ad videndam illam lucem plurimum impediunt. Sed molior aliquid, quod mihi videtur
facile ostendi, aut nihil edomandum nobis remanere aut nihil nos omnino profecisse omniumque illorum, quae resecta credimus, tabem manere. Nam quaero abs te, si tibi persuadeatur
aliter cum multis carissimis tuis te in studio
sapientiae non posse vivere, nisi ampla res aliqua familiaris necessitates vestras sustinere possit, nonne desiderabis divitias et optabis?

Augustinus: Assentior.

R: Quid si etiam illud appareat multis te persuasurum esse sapientiam, si tibi de honore
auctoritas creverit, eosque ipsos familiares tuos
non posse cupiditatibus suis modum imponere
seque totos convertere ad quaerendum deum, nisi

auch nicht mal in der Weise geltend machen, daß es mein Denken irgendwie behelligte. Kurz und gut, was Speise und Trank oder Bäder sowie alle anderen Annehmlichkeiten der Körperpflege angeht, brauchst du weiter keine Frage zu stellen. Mein Verlangen geht nur so weit, wie es der Erhaltung meiner Gesundheit zuträglich ist.

Kapitel 11

18. **Vernunft:** Deine Fortschritte sind ganz erklecklich; aber die Schwächen, die dir noch anhaften, sind immer noch ein großes Hindernis bei der Schau jenes Lichtes. Ich denke ernstlich über etwas nach, was nach meiner Meinung mit Leichtigkeit beweist, daß uns keine Leidenschaft mehr zu zähmen bleibt, oder daß wir gar nicht weiter gekommen sind und noch immer dies faule Fleisch des Lasters vorhanden ist, das wir für ausgeschnitten halten. Daher stelle ich dir folgende Frage: Wenn du davon überzeugt wärest, daß du mit den vielen Menschen, die dir lieb und teuer sind, in dem Studium der Weisheit nur leben könntest, wenn in irgendeiner Form ein ansehnliches Vermögen zu Gebote stände, um eure Bedürfnisse zu bestreiten, würdest du dann kein sehnliches Verlangen haben nach Reichtum?

Augustinus: Doch, da muß ich dir beistimmen.

V: Und weiter; wenn dir auch das klar wäre, daß du viele durch deinen Einfluß zur Wahrheit führen könntest, wenn eine hohe Stellung dein Ansehen gestärkt hätte; wenn du sähest, daß auch deine Freunde nur dann in der Lage wären, ihre Leidenschaften zu beherrschen und von ganzem Herzen Gottsucher zu werden, wenn auch sie Karriere gemacht hätten? Wenn

et ipsi fuerint honorati, idque nisi per tuos honores dignitatemque fieri non posse? Nonne ista etiam desideranda erunt et, ut proveniant, magnopere instandum?

A: Ita est, ut dicis.

R: Iam de uxore nihil disputo; fortasse enim non potest, ut ducatur, existere talis necessitas. Quamquam, si eius amplo patrimonio certum sit sustentari posse omnes, quos tecum in uno loco vivere otiose cupis, ipsa etiam concorditer id sinente, praesertim si generis nobilitate tanta polleat, ut honores illos, quos esse necessarios iam dedisti, per ea facile adipisci possis, nescio, utrum pertineat ad officium tuum ista contemnere.

A: Quando ego istud sperare audeam?

R: Ita istud dicis, quasi ego nunc requiram, quid speres. Non quaero, quid negatum non delectet, sed qui delectet oblatum. Aliud est enim exhausta pestis, aliud consopita. Ad hoc enim valet, quod a quibusdam doctis viris dictum est, ita omnes stultos insanos esse, ut male olere omne coenum, quod non semper, sed dum commoves, sentias. Multum interest, utrum animi desperatione obruatur cupiditas an sanitate pellatur.

das also nur durch deine hohe und einflußreiche Stellung möglich wäre, ist das dann nicht etwas, das man von Herzen wünschen und mit aller Kraft zur Verwirklichung bringen muß?

A: Ganz, wie du sagst.

V: Das Thema von der Frau will ich nicht mehr zur Debatte stellen. Vielleicht besteht auch kein derartig dringendes Bedürfnis zu heiraten. Und doch, wenn die Mitgift so groß wäre, daß mit ihrem herzlichen Einverständnis der Unterhalt all derer gesichert wäre, deren beschauliches Zusammenleben mit dir dein sehnlicher Wunsch ist, besonders wenn sie durch ihre vornehme Herkunft einen solchen Einfluß besäße, daß die hohen Ämter, deren Notwendigkeit du ja für den Fall zugestanden hast, dadurch für dich leicht erreichbar wären, dann weiß ich nicht, ob dein Pflichtgefühl es dir noch vorschreiben darf, das in den Wind zu schlagen.

A: Ich, wie kann ich mich herbeilassen, eine solche Hoffnung zu hegen?

19. V: Das sagst du so, als wenn ich jetzt nach dem fragte, was du erhoffst. Ich frage nicht, was dich nicht reizt, wenn es dir versagt ist, sondern inwieweit es einen Reiz für dich hätte, wenn es dir zur Verfügung stände. Etwas anderes ist es mit einer Seuche, die erloschen ist, und etwas anderes mit einer Seuche, die zeitweise ruht. Hier gilt auch der weise Ausspruch einiger Männer, mit der Torheit aller Narren verhalte es sich wie mit jedem Dreck: er sei immer mit üblem Geruche behaftet, aber man merke es nur, wenn man darin rühre. Es ist ein großer Unterschied vorhanden, ob die Leidenschaft durch die Resignation der Seele nur verschüttet oder durch eine wirkliche Gesundung ganz ausgerottet ist.

A: Quamquam tibi respondere non possum, nunquam tamen mihi persuadebis, ut hac affectione mentis, qua nunc me esse sentio, nihil me profecisse arbitrer.

R: Credo propter ea tibi hoc videri, quia, quamvis ista optare posses, non tamen propter se ipsa sed propter aliud expetenda viderentur.

A: Hoc est, quod dicere cupiebam; nam quando desideravi divitias, ideo desideravi, ut dives essem, honoresque ipsos, quorum cupiditatem modo me perdomuisse respondi, eorum nescio quo nitore delectatus volebam; nihilque aliud in uxore semper attendi, cum attendi, nisi quam mihi efficeret cum bona fama voluptatem. Tunc erat istorum in me vera cupiditas; nunc ea omnia prorsus aspernor; sed si ad illa, quae cupio, non nisi per haec mihi transitus datur, non amplectenda appeto, sed subeo toleranda.

R: Optime omnino; nam nec ego ullarum rerum vocandum puto cupiditatem, quae propter aliud requiruntur.

Caput XII

Sed quaero abs te, cur eos homines, quos diligis, 20 vel vivere vel tecum vivere cupias?

A: Ich kann dir zwar keine bestimmte Antwort geben, aber du kannst mir die Überzeugung nicht rauben, daß ich nach der seelischen Verfassung, deren ich mir jetzt wohl bewußt bin, wirklich Fortschritte gemacht habe.

V: Deine Ansicht, glaube ich, rührt aus folgender Erwägung her: Selbst wenn du dir diese Güter wünschen könntest, so wären sie in deinen Augen nicht ihrer selbst wegen, sondern aus einem anderen Grunde erstrebenswert.

A: Gerade das wollte ich sagen. Zur Zeit wo ich mir noch Geld und Gut wünschte, hatte ich nur den Wunsch, reich zu sein; bei dem Streben nach hohen Ämtern, das ich, wie gesagt, erst vor kurzem gebändigt habe, lockte mich eine Art Glanz der Stellung; bei einer Heirat lag mir immer einzig und allein der sinnliche Genuß am Herzen, wenn ich an einem Herzen lag, ohne daß mein guter Ruf zu leiden hätte. Damals herrschte in mir das leidenschaftliche Verlangen nach diesen Dingen; heute will ich von diesen Dingen gar nichts mehr wissen. Wenn aber der Weg zu dem Ziele, nach dem ich strebe, nur durch sie führen kann, so verlange ich nicht danach, um mit Lust in ihren Armen zu liegen, sondern um mich unter ihre Last zu biegen.

V: Ganz ausgezeichnet! Auch nach meiner Ansicht kann von Leidenschaft gar keine Rede sein bei Dingen, die man aus altruistischen Gründen sucht.

Kapitel 12

20. Aber ich frage dich, weshalb dir das Leben der Personen, die du liebst, und das Zusammenleben mit ihnen so am Herzen liegt?

Augustinus: Ut animas nostras et deum simul concorditer inquiramus. Ita enim facile, cui priori contingit inventio, caeteros eo sine labore perducit.

Ratio: Quid, si nolunt haec illi quaerere?

A: Persuadebo, ut velint.

R: Quid, si non possis, vel quod se invenisse iam, vel quod ista non posse inveniri arbitrantur, vel quod aliarum rerum curis et desiderio praepediuntur?

A: Habebo eos et ipsi me, sicut possumus.

R: Quid, si te ab inquirendo etiam impediat eorum praesentia? Nonne laborabis atque optabis, si aliter esse non possunt, non tecum esse potius quam sic esse?

A: Fateor, ita est, ut dicis.

R: Non igitur eorum vel vitam vel praesentiam propter se ipsam, sed propter inveniendam sapientiam cupis?

A: Prorsus assentior.

R: Quid? Ipsam vitam tuam, si tibi certum esset impedimento esse ad comprehendendam sapientiam, velles eam manere?

A: Omnino eam fugerem.

R: Quid? Si docereris tam te relicto isto corpore quam in ipso constitutum posse ad sapien-

Augustinus: Um unsere Seele und Gott gemeinsam und einträchtig zu erforschen; denn so kann der erste, der einen glücklichen Fund gemacht hat, die anderen mühelos dahin geleiten.

Vernunft: Wenn sie aber nicht gewillt sind, eine solche Untersuchung anzustellen?

A: Dann will ich sie durch Überredung willfährig machen.

V: Wenn dir das aber nicht gelingt, weil sie des Glaubens sind, dieses Ziel schon erreicht zu haben, oder es für unerreichbar halten, oder weil andere Interessen und Wünsche sie davon abhalten?

A: Wir werden uns gegenseitig so zueinander verhalten, wie es eben geht.

V: Wenn dir aber ihre Gegenwart bei der Untersuchung sogar hinderlich ist? Wird diese bittere Erkenntnis nicht in dir den Wunsch aufkommen lassen, die Unbekehrbaren möchten dich lieber verlassen als so bleiben, wie sie sind?

A: Ich muß gestehen, es ist so, wie du sagst.

V: Gut, du liebst also ihr Leben und ihre Anwesenheit nicht um ihrer selbst willen, sondern nur im Hinblick auf das Finden der Wahrheit?

A: Dem kann ich nur zustimmen.

V: Und weiter; was dein eigenes Leben angeht, legtest du Wert auf seinen Fortbestand, wenn es nach deiner Überzeugung für dich wirklich ein Hindernis wäre, zur Wahrheit zu gelangen?

A: Ich würde ihm gerne gänzlich entsagen.

V: Wenn man dir etwa nachwiese, daß du ebenso gut nach dem Tode wie im Leben zur Wahrheit ge-

tiam pervenire, curares, utrum hic an in alia vita eo, quod diligis, fruereris?

A: Si nihil me peius excepturum intelligerem, quod retro ageret ab eo, quo progressus sum, non curarem.

R: Nunc ergo propterea mori times, ne aliquo peiore malo involvaris, quo tibi auferatur divina cognitio.

A: Non solum ne auferatur, timeo, si quid forte percepi, sed etiam ne intercludatur mihi aditus eorum, quibus percipiendis inhio, quamvis, quod iam teneo, mecum mansurum putem.

R: Non igitur et vitam istam propter se ipsam sed propter sapientiam vis manere.

A: Sic est.

R: Dolor corporis restat, qui te fortasse vi sua 21 commovet.

A: Et ipsum non ob aliud vehementer formido, nisi quia me impedit a quaerendo. Quamquam enim acerrimo his diebus dentium dolore torquerer, non quidem sinebar animo volvere nisi ea, quae iam forte didiceram; a discendo autem penitus impediebar, ad quod mihi tota intentione animi opus erat; tamen mihi videbatur, si se ille mentibus meis veritatis fulgor aperiret, aut me non sensurum fuisse illum dolorem aut certe pro nihilo toleraturum. Sed [quia] etsi nihil

langen könntest, würde es dich dann kümmern, ob du hier oder im Jenseits in den Genuß des geliebten Gutes kämest?

A: Wenn ich überzeugt wäre, in keine schlechtere Lage zu kommen, die für meine Fortschritte keinen Rückschlag brächte, so würde es mich nicht weiter kümmern.

V: So fürchtest du also zur Zeit den Tod nur aus Angst, in einen schlimmeren Zustand versetzt zu werden, der dich um die Erkenntnis Gottes bringen könnte?

A: Ich habe nicht nur Angst, all das zu verlieren, was ich vielleicht gewonnen habe, sondern es könnte mir auch der Zugang zu dem heiß ersehnten Erkenntnisziele verschlossen werden, so sehr ich auch glaube, das immer zu behalten, was ich bereits besitze.

V: Du legst also Wert auf die Fortdauer des Lebens nicht um seiner selbst, sondern nur um der Weisheit willen?

A: Nur aus diesem Grunde.

21. V: Es bleibt also noch der körperliche Schmerz übrig; vielleicht übt der eine besondere Gewalt auf dich aus.

A: Auch ihn fürchte ich nur aus dem Grunde so sehr, weil er mich am Forschen behindert. So quälten mich in der letzten Zeit die heftigsten Zahnschmerzen. Es war mir kaum möglich, auch nur das zu überdenken, was ich vielleicht richtig erfaßt hatte; für die Gewinnung neuer Erkenntnis, wozu ich die völlige Geisteskraft nötig hatte, waren sie ein unüberwindliches Hindernis. Und trotzalledem! Ich bin überzeugt, hätte sich mir der helle Glanz der Wahrheit entschleiert, so hätte ich den Schmerz nicht mehr

maius aliquando pertuli, tamen saepe cogitans, quanto graviores possint accidere, cogor interdum Cornelio Celso assentiri, qui ait summum bonum esse sapientiam, summum autem malum dolorem corporis. Nec eius ratio mihi videtur absurda. Nam quoniam duabus, inquit, partibus compositi simus, ex animo scilicet et corpore, quarum prior pars est animus melior, deterius corpus est, summum bonum est melioris partis optimum, summum autem malum pessimum deterioris. Est autem optimum in animo sapientia, est in corpore pessimum dolor. Summum igitur bonum hominis sapere, summum malum dolere sine ulla, ut opinor, falsitate concluditur.

R: Posterius ista videbimus. Aliud enim fortasse nobis ipsa, ad quam pervenire nitimur, sapientia persuadebit. Si autem hoc esse verum ostenderit, hanc de summo bono et summo malo sententiam sine dubitatione tenebimus.

Caput XIII

Nunc illud quaerimus, qualis sis amator sapientiae, quam castissimo conspectu atque amplexu nullo interposito velamento quasi nudam videre ac tenere desideras, qualem se illa non sinit nisi paucissimis et electissimis amatoribus suis. An vero si alicuius pulchrae feminae amore flagrares, iure se tibi non daret, si aliud abs te quidquam praeter se amari comperisset, sapien-

empfunden oder wenigstens wie nichts ertragen. Ich hatte nie schlimmere Schmerzen zu erdulden; aber der Gedanke an noch größere, die mich befallen könnten, verführt mich jedoch fast dazu, Cornelius Celsus Beifall zu zollen, wenn er sagt, das höchste Gut sei die Weisheit und das größte Übel der körperliche Schmerz. Und seine Begründung erscheint mir gar nicht so abwegig. Wir bestehen, so sagt er, aus zwei Teilen, d. h. aus Seele und Körper. Da nun der erste Teil, die Seele, der bessere und der Körper der schlechtere Teil ist, so ist das höchste Gut das Beste für den besseren Teil, das größte Übel das Schlechteste für den schlechteren Teil. Nun ist aber das höchste Gut für die Seele die Weisheit, das größte Übel für den Körper der Schmerz. Der Mensch besitzt also das höchste Gut, wenn er weise ist, das größte Übel, wenn er Schmerz empfindet, ein untrüglicher Schluß, wie ich annehme.

V: Das werden wir später sehen. Vielleicht kann uns gerade die Weisheit, zu der wir aufsteigen wollen, eines Besseren belehren. Sollte sie aber diese Meinung als wahr erscheinen lassen, so werden wir an dieser Auffassung vom höchsten Gut und größten Übel unbedenklich festhalten.

Kapitel 13

22. Unsere jetzige Untersuchung will klarlegen, was das für eine Liebe ist, die du für die Weisheit hegst. Du verlangst danach, sie unverhüllt, gleichsam in ihrer Nacktheit mit den Gefühlen reinster Lauterkeit zu sehen und zu umfassen, so wie sie nur einer ganz geringen Zahl auserlesener Freunde sich gibt. Aber wenn schon eine schöne Frau, für die du in heißer Liebe entbrannt wärest, sich dir mit gutem Recht

tiae se tibi castissima pulchritudo, nisi solam arseris, demonstrabit?

A u g u s t i n u s : Quid ergo adhuc suspendor infelix et cruciatu miserabili differor? Iam certe ostendi nihil aliud me amare, siquidem quod non propter se amatur, non amatur. Ego autem solam propter se amo sapientiam, caetera vero vel adesse mihi volo, vel deesse timeo propter ipsam, vitam, quietem, amicos. Quem modum autem potest habere illius pulchritudinis amor, in qua non solum non invideo caeteris sed etiam plurimos quaero, qui mecum appetant, mecum inhient, mecum teneant, mecumque perfruantur: tanto mihi amiciores futuri, quanto erit nobis amata communior.

R a t i o : Prorsus tales esse amatores sapientiae 23 decet. Tales quaerit illa, cuius vere casta est et sine ulla contaminatione coniunctio. Sed non ad eam una via pervenitur. Quippe pro sua quisque sanitate ac firmitate comprehendit illud singulare ac verissimum bonum. Lux est quaedam ineffabilis et incomprehensibilis mentium. Lux ista vulgaris nos doceat, quantum potest, quomodo se illud habeat. Nam sunt nonnulli oculi tam sani et vegeti, qui se, mox ut aperti fuerint, in ipsum

nicht hingibt, falls sie in Erfahrung gebracht hat, daß du außer ihr noch etwas mehr liebtest als sie, wie soll sich dann die makelloseste Schönheit vor dir enthüllen, wenn du nicht für sie allein Feuer und Flamme bist?

A: Ach, wie schmerzlich ist für mich diese Ungewißheit, wie grausam die Qual des Hinhaltens! Ich habe doch gewiß deutlich genug gezeigt, daß ich nichts anderes liebe als sie, weil ja von einer Liebe keine Rede sein kann, wenn man etwas nicht seiner selbst wegen liebt. Nun, ich liebe wirklich die Weisheit, nur sie allein und ihretwegen; was aber alles andere angeht: das Leben, Ruhe, Freunde, so ist es nur ihretwegen, wenn ich sie nicht missen will oder fürchte, sie zu verlieren. Wo kann aber die Liebe zu jener Schönheit ihre Grenze haben? Ich beneide niemand anders darum, ich suche vielmehr recht viele dafür zu gewinnen, die mit mir danach trachten und schmachten, die mit mir sie in die Arme schließen und genießen sollen; sie werden mir als Freunde um so lieber sein, je größer unsere Gemeinschaft an der Geliebten ist.

23. V: Wenn die Liebhaber der Weisheit so sind, so ist das ganz in der Ordnung. Ja, so wünscht sie sich jene Freundin, deren Beziehungen wahrhaft keusch und ganz makellos sind. Aber es gibt mehr als einen Weg, der zu ihr hinführt. Allerdings wird ein jeder nur nach dem Grade seiner Gesundheit und Ausdauer dieses einzigartigen und wirklichen Gutes teilhaftig. Es ist eine Art Licht des Geistes, wo Worte und Fassungsvermögen versagen. Das gewöhnliche Licht soll uns das einigermaßen veranschaulichen, wie es sich mit jenem Lichte verhält. Es gibt nämlich bei dem einen oder anderen so gesunde und leistungsfähige Augen, die sich nur zu öffnen brauchen, um

solem sine ulla trepidatione convertant. His quodammodo ipsa lux sanitas est nec doctore indigent sed sola fortasse admonitione. His credere, sperare, amare satis est. Alii vero ipso, quem videre vehementer desiderant, fulgore feriuntur et eo non viso saepe in tenebras cum delectatione redeunt. Quibus periculosum est, quamvis iam talibus, ut sani recte dici possint, velle ostendere, quod adhuc videre non valent. Ergo isti exercendi sunt prius et eorum amor utiliter differendus atque nutriendus est. Primo enim quaedam illis demonstranda sunt, quae non per se lucent sed per lucem videri possint, ut vestis aut paries aut aliquid horum; deinde quod non per se quidem sed tamen per illam lucem pulchrius effulgeat, ut aurum, argentum et similia nec tamen ita radiatum, ut oculos laedat; tunc fortasse terrenus iste ignis modeste demonstrandus est, deinde sidera, deinde luna, deinde aurorae fulgor et albescentis coeli nitor. In quibus seu citius seu tardius sive per totum ordinem, sive quibusdam contemptis, pro sua quisque valetudine assuescens sine trepidatione et cum magna voluptate solem videbit. Tale aliquid sapientiae studiosissimis nec acute iam tamen videntibus magistri optimi faciunt. Nam ordine quodam ad eam pervenire bonae disciplinae officium est sine ordine autem vix credibilis

sich, ohne auch nur zu blinzeln, schon auf die Sonne richten zu können. Für diese ist ja gewissermaßen gerade das Licht die Gesundheit. Sie bedürfen keiner weiteren Belehrung, sondern nur einer freundlichen Erinnerung. Für sie genügt es zu glauben, zu hoffen und zu lieben. Andere hingegen werden gerade von dem Glanze der Schönheit, nach deren Schau sie so sehnsüchtig verlangen, geblendet und wenden sich oft wieder ergebnislos ihrer geliebten Finsternis zu. Obschon man sie mit Recht als gesund bezeichnen kann, so zeigt man ihnen doch das nicht ohne Gefahr, dessen Anblick sie noch nicht ertragen können; Augen solcher Art müssen erst noch geübt und die Erfüllung ihrer Liebessehnsucht muß noch zu ihrem Besten hinausgeschoben werden, um neuen Nährboden zu erhalten. Man wird ihnen also zuerst mal Dinge vorführen müssen, die ihr Licht nicht von sich haben, sondern nur im Lichte sichtbar sind, z. B. Stoffe oder Wände oder dergleichen; dann etwas, das zwar noch keine Lichtquelle ist, wie Gold, Silber und Ähnliches, aber in jenem Lichte schon einen helleren Glanz hat, ohne jedoch dadurch den Augen wehe zu tun. Dann kann man ihnen wohl das irdische Feuer zeigen, doch behutsam, dann die Sterne, dann den Mond, dann das Aufleuchten der Morgenröte und dann den hellen Glanz des erwachten Tages. Mehr oder weniger schnell, indem man dabei die ganze Serie von Übungsversuchen strikte durchführt oder über einige hinweggeht, kann ein jeder nach dem Grade seiner Gesundung es durch Gewöhnung dahin bringen, frank und frei und mit Entzücken die Sonne zu schauen. So verfahren in etwa tüchtige Lehrer bei eifrigen Jüngern der Weisheit, deren Augen zwar schon sehen, aber noch nicht scharfsinnig genug sind. Denn nur eine förmliche Methode führt zu diesem Ziel; sie anzuwenden ist die gewichtige Aufgabe einer guten Schu-

felicitatis. Sed hodie satis, ut puto, scripsimus; parcendum est valetudini.

Caput XIV

Augustinus: Et alio die da, quaeso, inquam, iam si potes, illum ordinem! Duc age, qua vis, per quae vis, quomodo vis! Impera quaevis dura, quaelibet ardua, quae tamen in mea potestate sint, per quae me, quo desidero, perventurum esse non dubitem.

Ratio: Unum est, quod tibi possum praecipere, nihil plus novi: Penitus esse ista sensibilia fugienda cavendumque magnopere, dum hoc corpus agimus, ne quo eorum visco pennae nostrae impediantur, quibus integris perfectisque opus est, ut ad illam lucem ab his tenebris evolemus, quae se ne ostendere quidem dignatur in hac cavea inclusis, nisi tales fuerint, ut ista vel effracta vel dissoluta possint in auras suas evadere. Itaque, quando fueris talis, ut nihil te prorsus terrenorum delectet, mihi crede, eodem momento, eodem puncto temporis videbis, quod cupis.

A: Quando istud erit, oro te? Non enim puto posse mihi haec in summum venire contemptum, nisi videro illud, in cuius comparatione ista sordescant.

R: Hoc modo posset et iste oculus corporis dicere: Tum tenebras non amabo, cum solem vi-

lung; ohne dieses methodische Vorgehen ist ein guter Erfolg kaum denkbar. Doch es ist wohl genug des Schreibens für heute. Man muß mit seiner Gesundheit haushälterisch umgehen.

Kapitel 14

24. Augustinus: Tags darauf sagte ich: Zeig mir doch diese Methode, wenn du jetzt in der Lage bist! Geh voraus und führe mich, wo du willst, wodurch du willst, wie du willst! Stell mich vor die schwersten und mühevollsten Aufgaben, denen ich noch gewachsen bin, wenn sie mich nur unzweifelhaft zu dem ersehnten Ziele führen können!

Vernunft: Nur eins kann ich dir ernstlich anraten, sonst weiß ich nichts: Man muß allen sinnlich wahrnehmbaren Dingen gänzlich entsagen und arg auf der Hut sein, solang wir noch im Fleische wandern, daß ihre Leimrute den Schwung unserer Flügel nicht lahm legt; denn ihre Unversehrtheit und volle Kraft ist nötig, damit wir uns aus dieser Finsternis zu jenem Lichte emporschwingen können. Und dieses geruht auch nicht, sich denen zu zeigen, die in diesem Verlies eingeschlossen sind, es sei denn daß sie imstande sind, seine Vergitterung aufzubrechen oder zu lösen, um in die Helle seines Himmels entrinnen zu können. Wenn du also in der Verfassung bist, daß nichts rein Irdisches dich mehr reizt, dann, glaube mir, in demselben Augenblick wirst du in einem Nu das sehen, wonach du verlangst.

A: Wann wird das der Fall sein? Ich möchte es zu gerne wissen, weil ich diese Dinge wohl erst dann von ganzem Herzen verachten kann, wenn ich jenes Gut geschaut habe, das alles andere verblassen läßt.

25. V: Ebenso gut könnte auch unser leibliches Auge sagen: Erst dann werde ich die Finsternis nicht mehr

dero. Videtur enim quasi et hoc ad ordinem pertinere, quod longe est secus. Amat enim tenebras, eo quod sanus non est; solem autem nisi sanus videre non potest. Et in eo saepe fallitur animus, ut sanum se putet et sese iactet; et quia nondum videt, veluti iure conqueritur. Novit autem illa pulchritudo, quando se ostendat. Ipsa enim medici fungitur munere meliusque intelligit, qui sint sani, quam iidem ipsi, qui sanantur. Nos autem, quantum emerserimus, videmur nobis videre; quantum autem mersi eramus et quo progressi fueramus, nec cogitare nec sentire permittimur et in comparatione gravioris morbi sanos esse nos credimus. Nonne vides, quam veluti securi hesterno die pronuntiaveramus nulla iam nos peste detineri nihilque amare nisi sapientiam, caetera vero non nisi propter istam quaerere aut velle? Quam tibi sordidus, quam foedus, quam exsecrabilis, quam horribilis complexus femineus videbatur, quando inter nos de uxoris cupiditate quaesitum est! Certe ista nocte vigilantes, cum rursus eadem nobiscum ageremus, sensisti, quam te aliter quam praesumpseras, imaginatae illae blanditiae et amara suavitas titillaverit; longe quidem, longe minus quam solet, sed item longe aliter, quam putaveras; ut sic tibi secretissimus ille medicus utrumque demonstraret, et unde cura eius evaseris et quid curandum remaneat.

lieben, wenn ich die Sonne gesehen habe. Auch hier ist anscheinend die richtige Reihenfolge am Platze; aber weit gefehlt! Es liebt ja die Finsternis, weil es noch nicht gesundet ist; aber nur ein gesundes Auge kann die Sonne sehen. Auch darin täuscht die Seele sich oft, daß sie sich für gesund hält und damit prahlt. Und weil sie noch nicht sehen kann, glaubt sie noch recht zu haben, wenn sie sich beklagt. Aber jene Schönheit weiß, wann sie sich zeigen soll. Sie selbst versieht den Dienst eines Arztes und kann besser beurteilen, wer gesund ist, als gerade die, die in ärztlicher Behandlung sind. Wir aber schmeicheln uns zu sehen, wie hoch wir schon gestiegen sind; wie tief wir aber gesunken waren und wie weit es mit uns gekommen war, das zu erfassen und zu fühlen, ist uns nicht verstattet: durch den Vergleich mit dem früheren schlimmeren Befund halten wir uns für gesund. Siehst du nicht, wie selbstsicher wir gestern mit dem Brustton der Überzeugung gesagt haben, daß keine moralische Verderbnis uns etwas anhaben könne, und daß wir nur die Weisheit lieben, daß wir alles andere nur ihretwegen wollen und wünschen? Wie gewöhnlich, wie beschämend, wie verabscheuungswürdig, wie schauderhaft war die Umarmung eines Weibes in deinen Augen, als die Liebe zu einer Frau zur Debatte stand! Und doch, als wir in der vergangenen Nacht schlaflos, ein jeder für sich, dasselbe Thema behandelten, hast du recht gut fühlen müssen, wie ganz anders, als du vermutet hattest, die Phantasiebilder jener Zärtlichkeiten und ihre bittere Süße dich gereizt haben; zwar weit, weit weniger als in Wirklichkeit, aber doch ganz anders, als du geglaubt hattest. Dadurch hat dir jener geheimnisvolle Arzt beides zeigen wollen: wie weit unter seiner Behandlung deine Besserung gediehen ist und was noch für eine Weiterbehandlung übrig bleibt.

A: Tace, obsecro, tace! Quid crucias? Quid tantum fodis alteque descendis? Iam flere non duro, iamiam nihil promitto, nihil praesumo, ne me de istis rebus interroges. Certe dicis, quod ille ipse, quem videre ardeo, noverit, quando sim sanus. Faciat, quod placet; quando placet, sese ostendat; iam me totum eius clementiae curaeque committo. Semel de illo credidi, quod sic erga se affectos sublevare non cesset. Ego nihil de mea sanitate, nisi cum illam pulchritudinem videro, pronuntiabo.

R: Prorsus nihil aliud facias. Sed iam cohibe te a lacrimis et stringe animum! Multum omnino flevisti et hoc omnino morbus iste pectoris tui graviter accipit.

A: Modum vis habere lacrimas meas, cum miseriae meae modum non videam? Aut valetudinem corporis considerare me iubes, cum ego ipse tabe confectus sim? Sed quaeso te, si quid in me vales, ut me tentes per aliqua compendia ducere, ut vel vicinitate nonnulla lucis illius, quam, si quid profeci, tolerare iam possum, pigeat oculos referre ad illas tenebras, quas reliqui, si tamen relictae dicendae sunt, quae caecitati meae adhuc blandiri audent.

26. A: Schweig doch, bitte, schweig! Was quälst du mich so? Weshalb schürfst du so tief und steigst du so weit hinab? Kaum kann ich mich der Tränen erwehren. Fürderhin will ich nichts mehr versprechen, vermessentlich annehmen. Stell mir keine derartigen Fragen mehr! Es besteht kein Zweifel darüber, wenn du sagst, gerade jener, nach dessen Schau ich mich so sehne, werde schon wissen, wann ich gesund bin. Er möge tun, was er für gut hält! Wann er es für gut hält, mag er sich mir zeigen! Von nun an vertraue ich mich ganz seiner gnadenreichen Pflege an. Ein für allemal steht mein Glaube unerschütterlich fest, daß er unaufhörlich denen hilft, die sich mit dieser Gesinnung an ihn wenden. Nichts soll mehr über meine Lippen kommen von meiner seelischen Gesundung, solange ich jene Schönheit nicht geschaut habe.

V: Du kannst wirklich nichts Besseres tun. Aber gebiete deinen Tränen Halt, und nimm dich zusammen! Überhaupt hast du schon zu viel Tränen vergossen, und das bekommt deiner kranken Brust ganz übel.

A: Meine Tränen sollen ein Ende nehmen, wo ich kein Ende meines Elends sehe? Auf meine leibliche Gesundung soll ich nach deiner Weisung bedacht sein, wo mein ganzes Ich verseucht ist? Biete doch, bitte, deinen ganzen Einfluß auf, mich auf irgendeinen Abkürzungsweg zu bringen! Vielleicht kann irgendeine Annäherung an das Licht bei etwaigen Fortschritten mich es so ertragen lassen, daß ich nur mit Unlust meine Augen der Finsternis zuwende, die ich verlassen habe, das heißt, wenn man überhaupt da von einem Verlassen reden kann, wo sie es noch immer wagen darf, meiner Blindheit allerhand vorzugaukeln.

Caput XV

Ratio: Concludamus, si placet, hoc primum volumen, ut iam in secundo aliquam, quae commoda occurrerit, aggrediamur viam; non enim huic affectioni tuae a moderata exercitatione cessandum est.

Augustinus: Non sinam omnino concludi hunc libellum, nisi mihi modicum, quo intentus sim, de vicinia lucis aperueris.

R: Gerit tibi ille medicus morem; nam nescio quis me, quo te ducam, fulgor invitat et tangit. Itaque accipe intentus!

A: Duc, oro te, ac rape, quo vis!

R: Animam te certe dicis et deum velle cognoscere?

A: Hoc est totum negotium meum.

R: Nihilne amplius?

A: Nihil prorsus.

R: Quid? veritatem non vis comprehendere?

A: Quasi vero possim haec nisi per illam cognoscere.

R: Ergo prius ipsa cognoscenda est, per quam possunt illa cognosci.

A: Nihil abnuo.

R: Primo itaque illud videamus, cum duo verba sint veritas et verum, utrum tibi etiam res duae istis verbis significari an una videatur.

Kapitel 15

27. **Vernunft**: Ich will mit deinem Einverständnis das erste Buch hiermit beschließen. Im zweiten wollen wir dann einen bequemen Weg einschlagen, der sich uns gerade bietet. In deinem gegenwärtigen geistigen Bestreben hast du ja eine ständige, wenn auch maßvolle Übung nötig.

Augustinus: Nein, ich kann es wirklich nicht zu Ende gehen lassen, bevor du mir, wenn auch nur eine leise Andeutung gemacht hast, ob ich meinem Ziele, dem Lichte, näher gerückt bin.

V: Hierin wird dir jener Arzt gerne zu Willen sein; denn eine Art blitzartiger Strahl trifft mich und zeigt mir, wohin ich dich führen soll. Hör also aufmerksam zu!

A: Geh also, bitte, voran, und fort soll's gehen, wohin du willst.

V: Wie ich aus deinen Worten wohl mit Recht schließe, willst du die Seele und Gott erkennen?

A: Ja, danach geht mein ganzes Streben.

V: Nach nichts weiter?

A: Ganz und gar nicht.

V: Wieso? Du wolltest doch die Wahrheit erfassen.

A: Wohl deshalb, weil ich nur durch sie zu dieser Erkenntnis gelangen kann.

V: Sie müssen wir also zuerst erkennen, die uns jene Erkenntnis vermittelt.

A: Ich bin ganz damit einverstanden.

V: Da die Wahrheit und das Wahre zwei Worte sind, so müssen wir zuerst ermitteln, ob nach deiner Ansicht die zwei Worte zwei verschiedene Begriffe bilden oder nicht.

A: Duae res videntur; nam ut aliud est castitas, aliud castum et multa in hunc modum, ita credo aliud esse veritatem et aliud, quod verum dicitur.

R: Quod horum duorum putas esse praestantius?

A: Veritatem opinor; non enim casto castitas sed castitate fit castum; ita etiam, si quid verum est, veritate utique verum est.

R: Quid, cum castus moritur, censes mori etiam castitatem?

A: Nullo modo.

R: Ergo cum interit aliquid, quod verum est, non interit veritas.

A: Quomodo autem interit aliquid verum, nisi enim video?

R: Miror te istud quaerere; nonne ante oculos nostros milia rerum videmus interire? Nisi forte putas hanc arborem aut esse arborem sed veram non esse aut certe interire non posse. Quamvis enim non credas sensibus possisque respondere ignorare te prorsus, utrum arbor sit, tamen illud non negabis, ut opinor, veram esse arborem, si arbor est; non enim hoc sensu sed intelligentia iudicatur. Si enim falsa arbor est, non est arbor; si autem arbor est. vera sit, necesse est.

A: Concedo istud.

A: Anscheinend zwei Begriffe, genau so wie Keuschheit und keusch etwas anderes ist und noch vieles aus dieser Kategorie. So glaube ich auch, daß Wahrheit etwas anderes ist als das, was man wahr nennt.

V: Welcher von den beiden Begriffen bezeichnet nach deiner Meinung das Vorzüglichere?

A: Wohl der der Wahrheit; denn nicht durch das Keusche entsteht die Keuschheit, sondern durch die Keuschheit entsteht das Keusche. So ist auch sicher alles Wahre durch die Wahrheit wahr.

28. V: Wie ist es nun, wenn ein keuscher Mensch stirbt, stirbt dann wohl die Keuschheit mit ihm?

A: Keineswegs.

V: Gut, wenn etwas untergeht, was wahr ist, geht die Wahrheit also nicht zu Grunde.

A: Wie kann etwas Wahres zu Grunde gehen? Ich müßte das doch sehen.

V: Deine Frage wundert mich. Sehen wir nicht vor unsern Augen tausend Dinge zu Grunde gehen? Du glaubst doch wohl nicht, der Baum da sei ein Baum, aber nicht wahr, oder er könne bestimmt nicht zu Grunde gehen. Selbst wenn du den Wahrnehmungen deiner Sinne nicht traust und mir antworten könntest, du wüßtest es wirklich nicht, ob es ein Baum sei, so kannst du es wohl nicht abstreiten, daß er, falls es ein Baum ist, als Baum etwas Wahres darstellt. Diese Erkenntnis stammt nicht aus der sinnlichen Wahrnehmung, sondern aus dem Intellekt. Ist es nämlich ein falscher Baum, dann ist es kein Baum; ist es aber ein Baum, so muß er etwas Wahres darstellen.

A: Das gebe ich zu.

R: Quid illud alterum? Nonne concedis hoc genus rerum esse arborem, quod nascatur et intereat?

A: Negare non possum.

R: Concluditur ergo aliquid, quod verum sit interire.

A: Non contravenio.

R: Quid illud? Nonne tibi videtur intereuntibus rebus veris veritatem non interire, ut non mori casto mortuo castitatem?

A: Iam et hoc concedo et magnopere, quid moliaris, exspecto.

R: Ergo attende!

A: Istic sum.

R· Verane tibi videtur ista sententia: Quidquid est, alicubi esse cogitur?

A· Nihil me sic ducit ad consentiendum.

R: Fateris autem esse veritatem?

A: Fateor.

R: Ergo ubi sit, necesse est quaeramus; non est enim in loco, nisi forte aut esse in loco aliquid aliud praeter corpus aut veritatem corpus esse arbitraris.

A: Nihil horum puto.

R: Ubinam igitur illam esse credis? Non enim nusquam est, quam esse concedimus.

V: Und weiter! Mußt du nicht zugeben, daß der Baum zu den Dingen gehört, deren Eigenart es ist, zu entstehen und zu vergehen?

A: Unleugbar.

V: Folglich gibt es Dinge, die wahr sind und zu Grunde gehen.

A: Kann ich nicht bestreiten.

V: Und weiter. Ersiehst du nicht daraus, daß beim Vergehen von wahren Dingen die Wahrheit nicht untergeht, ebensowenig wie die Keuschheit, wenn ein keuscher Mensch stirbt?

A: Auch das muß ich schon zugeben, und ich bin gespannt, worauf du hinauswillst.

V: Paß also gut auf!

A: Ich bin ganz bei der Sache.

29. V: Hältst du den Satz für richtig: Alles, was ein Sein hat, muß auch irgendwo vorhanden sein?

A: Ich wüßte nichts, dem ich eher zustimmen könnte.

V: Gibst du zu, daß es eine Wahrheit gibt?

A: Ja.

V: Wir müssen also ermitteln, wo sie ist. Sie ist nicht im Raume, wenn man nicht annehmen will, im Raume gäbe es noch etwas anderes als körperliche Dinge oder die Wahrheit sei etwas Körperliches.

A: Keine von diesen Annahmen teile ich.

V: Wo ist sie denn nach deiner Ansicht? Irgendwo muß sie doch sein, da wir ihr die Existenz zuerkannt haben.

A: Si scirem, ubi esset, nihil fortasse amplius quaererem.

R: Saltem ubi non sit, potes cognoscere?

A: Si commemores, fortasse potero.

R: Non est certe in rebus mortalibus. Quidquid enim est, in aliquo non potest manere, si non maneat illud, in quo est; manere autem etiam rebus veris intereuntibus veritatem paulo ante concessum est. Non igitur est veritas in rebus mortalibus. Est autem veritas et non est nusquam. Sunt igitur res immortales. Nihil autem verum, in quo veritas non est. Conficitur itaque non esse vera, nisi quae sunt immortalia. Et omnis falsa arbor non est arbor et falsum lignum non est lignum et falsum argentum non est argentum et omnino, quidquid falsum est, non est. Omne autem, quod verum non est, falsum est. Nulla igitur recte dicuntur esse nisi immortalia. Hanc tu tecum ratiunculam diligenter considera, ne quid tibi concedendum non esse videatur! Si enim rata est, totum negotium pene confecimus, quod in alio fortasse libro melius apparebit.

A: Habeo gratiam et ista mecum atque adeo tecum, quando in silentio sumus, diligenter cauteque tractabo, si nullae tenebrae immittant suique etiam, quod vehementer formido, mihi faciant delectationem.

R: Constanter deo crede eique te totum committe, quantum potes! Noli esse velle quasi proprius et in tua potestate, sed eius clemen-

A: Wenn ich das wüßte, würde ich vielleicht weiter gar nichts mehr suchen.

V: Kannst du wenigstens sehen, wo sie nicht ist?

A: Wenn du mir einen Wink gibst, bin ich vielleicht dazu imstande.

V: In vergänglichen Dingen ist sie sicher nicht. Alles, was ein Sein hat, kann in einem Gegenstande das Sein nicht mehr haben, wenn er nicht mehr existiert. Die Existenz der Wahrheit besteht weiter, auch wenn wahre Dinge zu Grunde gehen. Das hast du soeben zugegeben. Die Wahrheit wohnt also nicht in vergänglichen Dingen. Sie existiert aber, die Wahrheit, und muß irgendwo sein. Es gibt also unvergängliche Dinge. Nichts ist aber wahr, worin die Wahrheit nicht ist. Daraus folgt, daß es nichts Wahres gibt außer den unvergänglichen Dingen. Ein falscher Baum ist kein Baum; ein falsches Holz ist kein Holz, falsches Geld kein Geld, kurz und gut, was falsch ist, ist nicht. Alles aber, was nicht wahr ist, ist falsch. Das gibt uns also das Recht, nur unvergänglichen Dingen das Sein zuzuerkennen. Überprüfe sorgfältig diese Schlußfolgerung, ob du sie vorbehaltlos gelten lassen kannst! Ist sie nämlich richtig, so haben wir die ganze Aufgabe so gut wie gelöst, wie es wohl im folgenden Buche noch besser ersichtlich wird.

30. A: Ich danke dir. Ich will bei mir und auch besonders mit dir diese Gedankengänge in aller Ruhe sorgfältig und vorsichtig überprüfen, vorausgesetzt, daß kein dunkler Schatten auftaucht und sogar mein Wohlgefallen auf sich ablenkt, was ich so arg fürchten muß.

V: Baue nur fest auf Gott und schenke ihm möglichst dein ganzes Vertrauen! Trachte nicht danach, gleichsam auf eigenen Füßen und nur in deiner Macht zu

tissimi et utilissimi domini te servum esse profitere! Ita enim te ad se sublevare non desinet nihilque tibi evenire permittet, nisi quod tibi prosit, etiam si nescias.

A: Audio, credo et, quantum possum, obtempero; plurimumque ipsum deprecor, ut plurimum possim, nisi quid forte amplius a me desideras.

R: Bene habet interim, facies postea, quidquid iam visus ipse praeceperit.

stehen! Gestehe vielmehr, einem so gnaden- und hilfreichen Herrn dienstbar zu sein! Nur dann wird er dich unaufhörlich zu seiner Höhe weiter emporziehen und nicht zulassen, daß dir etwas widerfährt, es sei denn zu deinem Heile, wenn du es auch nicht erkennst.

A: Das will ich beachten, glauben und nach besten Kräften befolgen. Inständig bitte ich den Herrn, mir möglichst beizustehen; oder verlangst du vielleicht noch etwas von mir?

V: Das genügt vorläufig; später, wenn du seines Anblicks teilhaftig geworden bist, kannst du alles tun, was er dir selber befiehlt.

ZWEITES BUCH

Caput I

Augustinus: Satis intermissum est opus nostrum et impatiens est amor nec lacrimis modus fit, nisi amori detur, quod amatur; quare aggrediamur librum secundum.

Ratio: Aggrediamur.

A: Credamus deum affuturum.

R: Credamus sane, si vel hoc in potestate nostra est.

A: Potestas nostra ipse est.

R: Itaque ora brevissime ac perfectissime, quantum potes!

A: Deus semper idem, noverim me, noverim te. Oratum est.

R: Tu, qui vis te nosse, scis esse te?

A: Scio.
R: Unde scis?
A: Nescio.
R: Simplicem te sentis anne multiplicem?

A: Nescio.
R: Moveri te scis?

Kapitel 1

1. **Augustinus**: Lange genug hat unsere Arbeit geruht. Die Liebe kennt keine Geduld und die Tränen kein Maß, bevor die Liebe das besitzt, was sie liebt. Daher wollen wir das zweite Buch beginnen.

Vernunft: Beginnen wir also!

A: Wir wollen auf die Hilfe Gottes vertrauen.

V: Fürwahr, das wollen wir, insofern auch das in unserer Macht steht.

A: Unsere Macht ist der Herr selbst.

V: Bete also zu ihm, möglichst kurz und vollkommen!

A: Gott, der du immer derselbe bist, gib, daß ich mich erkenne, dich erkenne! Das ist mein ganzes Gebet.

V: Du, der du dich erkennen willst, weißt du, daß du existierst?

A: Ja.

V: Woher hast du diese Erkenntnis?

A: Das weiß ich nicht.

V: Bist du dir bewußt, daß du eine einfache oder mehrfache Wesenheit hast?

A: Das weiß ich nicht.

V: Weißt du, daß du dich bewegst?

A: Nescio.

R: Cogitare te scis?

A: Scio.

R: Ergo verum est cogitare te.

A: Verum.

R: Immortalem te esse scis?

A: Nescio.

R: Horum omnium, quae te nescire dixisti, quid scire prius mavis?

A: Utrum immortalis sim.

R: Vivere igitur amas?

A: Fateor.

R: Quid, cum te immortalem esse didiceris, satisne erit?

A: Erit id quidem magnum sed id mihi parum.

R: Hoc tamen, quod parum est, quantum gaudebis?

A: Plurimum.

R: Nihil iam flebis?

A: Nihil omnino.

R: Quid, si ipsa vita talis esse inveniatur, ut in ea tibi nihil amplius, quam nosti, nosse liceat? Temperabis a lacrimis?

A: Imo tantum flebo, ut vita nulla sit.

A: Nein.

V: Weißt du, daß du denkst?

A: Ja.

V: Es ist also wahr, daß du denkst?

A: Ja.

V: Weißt du, daß du unsterblich bist?

A: Nein.

V: Was von all dem, was du nach deinem Geständnis nicht weißt, möchtest du gerne zuerst wissen?

A: Ob ich unsterblich bin.

V: Du lebst also gerne?

A: Ja, gerne.

V: Wenn du nun erkannt hast, daß du unsterblich bist, wird dir das dann vollauf genügen?

A: Das wird gewiß recht viel sein, aber immer noch zu wenig für mich.

V: Würdest du dich jedoch über das Wenige freuen und wie?

A: Außerordentlich.

V: Würdest du dann keine Tränen mehr vergießen?

A: Keine einzige.

V: Wenn wir aber feststellen, daß es mit dem Leben so bestellt ist, daß du in der ganzen Zeit zu keinen weiteren Erkenntnissen gelangen kannst als den bereits gewonnenen, wirst du dann deinen Tränen Einhalt gebieten?

A: Nein; ich werde im Gegenteil unter Tränen wünschen, es möchte nicht mehr sein.

R: Non igitur vivere propter ipsum vivere amas sed propter scire.

A: Cedo conclusioni.

R: Quid, si eadem ipsa rerum scientia miserum faciat?

A: Nullo id quidem pacto fieri posse credo. Sed si ita est, nemo esse beatus potest; non enim nunc aliunde sum miser, nisi rerum ignorantia. Quod si et rerum scientia miserum facit, sempiterna miseria est.

R: Iam video totum, quod cupis: Nam quoniam neminem scientia miserum esse credis, ex quo probabile est, ut intelligentia efficiat beatum, beatus autem nemo nisi vivens et nemo vivit, qui non est, esse vis, vivere et intelligere, sed esse, ut vivas, vivere, ut intelligas. Ergo esse te scis, vivere te scis, intelligere te scis. Sed utrum ista semper futura sint an nihil horum futurum sit an maneat aliquid semper et aliquid intercidat an minui et augeri haec possint, cum omnia mansura sint, nosse vis.

A: Ita est.

R: Si igitur probaverimus semper nos esse victuros, sequetur etiam semper futuros.

A: Sequetur.

R: Restabit quaerere de intelligendo.

V: Du lebst also nur gerne nicht des Lebens sondern des Wissens wegen.

A: Den Schluß muß ich gelten lassen.

V: Wie ist es aber, wenn gerade die Kenntnis des wahren Sachverhalts dich unglücklich machen sollte?

A: Ich bin überzeugt, das ist keineswegs der Fall. Unter diesen Umständen könnte eben niemand glücklich sein. Zur Zeit ist ja die Unkenntnis die einzige Quelle meines Elends. Sollte die Erkenntnis mich elend machen, so ist unser Elend eben immerwährend.

V: Ich habe jetzt einen Überblick über alles, was du wünschest. Deine Überzeugung, daß das Wissen niemand unglücklich macht, läßt es dir als glaubhaft erscheinen, daß die Erkenntnis glücklich macht. Glücklich kann aber nur der sein, der lebt, und niemand kann leben, der nicht ist. Du willst also sein, leben und erkennen; sein, um zu leben, und leben, um zu erkennen. Du weißt, daß du bist; du weißt, daß du lebst; du weißt, daß du erkennst. Aber wird das immer so bleiben, oder wird all das aufhören? Wird die eine oder andere von diesen Fähigkeiten immer fortdauern, während die eine oder andere ausfällt? Oder können sie ab- oder zunehmen, falls sie fortdauern? Das willst du wissen?

A: Gerade das.

V: Wenn wir nun beweisen, daß wir immer leben werden, so folgt daraus, daß wir auch immer sein werden?

A: Ja.

V: Dann wird noch die Untersuchung über die Erkenntnis übrig bleiben.

Caput II

Augustinus: Manifestissimum ordinem video atque brevissimum.

Ratio: Hic ergo esto nunc, ut interroganti caute firmeque respondeas.

A: Istic sum.

R. Si manebit semper mundus iste, verum est mundum semper mansurum esse?

A: Quis hoc dubitet?

R: Quid, si non manebit? Nonne ita verum est mundum non esse mansurum?

A: Nihil resisto.

R: Quid, cum interierit, si interiturus est? Nonne tunc id erit verum mundum interisse? Nam quamdiu verum non est mundum occidisse, non occidit; repugnat igitur, ut mundus occiderit et verum non sit mundum occidisse.

A: Et hoc concedo.

R: Quid illud? Videturne tibi verum aliquid esse posse, ut veritas non sit?

A: Nullo modo.

R: Erit igitur veritas, etiamsi mundus intereat.

A: Negare non possum.

R: Quid, si ipsa veritas occidat? Nonne verum erit veritatem occidisse?

Kapitel 2

2. **Augustinus**: Der Gedankengang erscheint mir ganz klar und kurz und bündig.

Vernunft: Also gut aufgepaßt, damit du auf meine Fragen vorsichtig, aber bestimmt antworten kannst!

A: Ich bin ganz dabei.

V: Wenn diese Welt tatsächlich immer besteht, ist es dann wahr, daß die Welt immer besteht?

A: Wer könnte das bezweifeln?

V: Wenn sie aber keinen dauernden Bestand hat, ist es dann nicht wahr, daß sie keinen dauernden Bestand hat?

A: Dagegen habe ich nichts einzuwenden.

V: Und wenn sie im Falle ihrer Vergänglichkeit zu Grunde gegangen ist, ist es dann nicht wahr, daß sie zu Grunde gegangen ist? Denn solange es nicht wahr ist, daß die Welt vergangen ist, ist sie nicht vergangen. Es ist also ein Widerspruch, wenn man behauptet, die Welt sei vergangen und es sei nicht wahr, daß sie vergangen ist.

A: Auch das muß ich zugeben.

V: Und weiter; scheint es dir möglich, daß es etwas Wahres gibt, ohne daß es eine Wahrheit gibt?

A: Keineswegs.

V: Es gibt also eine Wahrheit, auch wenn die Welt untergehen sollte.

A: Das kann ich nicht in Abrede stellen.

V: Wenn nun aber die Wahrheit selbst aufhören sollte zu sein, ist es dann nicht wahr, daß sie aufgehört hat?

A: Et istud quis negat?

R: Verum autem non potest esse, si veritas non sit.

A: Iam hoc paulo ante concessi.

R: Nullo modo igitur occidet veritas.

A: Perge, ut coepisti, nam ista collectione nihil est verius.

Caput III

Ratio: Nunc respondeas mihi velim, utrum tibi sentire anima videatur an corpus?

Augustinus: Anima videtur.

R: Quid? Intellectus videtur tibi ad animam pertinere?

A: Prorsus videtur.

R: Ad solam animam an ad aliquid aliud?

A: Nihil aliud video praeter animam nisi deum, ubi intellectum esse credam.

R: Iam illud videamus. Si tibi quispiam istum parietem non esse parietem sed arborem diceret, quid putares?

A: Aut eius sensum aut meum falli aut hoc nomine ab eo parietem vocari.

R: Quid, si et illi species arboris in eo appareat et tibi parietis, nonne poterit utrumque verum esse?

A: Auch das kann niemand bestreiten.

V: Es kann aber nichts Wahres geben, wenn es keine Wahrheit gibt.

A: Das habe ich soeben schon zugegeben.

V: Dann kann also die Wahrheit nie und nimmer zu Grunde gehen.

A: Fahr weiter so fort; denn es ist nichts richtiger als dieser Schluß.

Kapitel 3

3. **Vernunft**: Jetzt antworte mir, bitte! Ist es nach deiner Ansicht die Seele, die erkennt oder der Körper?

Augustinus: Die Seele, glaube ich.

V: Der Intellekt scheint dir also eine Fähigkeit der Seele zu sein?

A: Das ist ganz meine Meinung.

V: Nur eine Fähigkeit von ihr oder noch von etwas anderem?

A: Mit der Ausnahme von Gott kenne ich nichts außer der Seele, wo nach meiner Überzeugung Erkenntnisvermögen vorhanden ist.

V: Wir wollen jetzt folgenden Fall untersuchen: Wenn jemand dir mit der Behauptung käme, die Wand da sei keine Wand, sondern ein Baum, wie würdest du dann darüber denken?

A: Ich würde es für eine Sinnestäuschung von ihm oder mir halten oder glauben, er bezeichne mit dem Worte Baum, was ich eine Wand nenne.

V: Wenn sie aber für ihn die Gestalt eines Baumes hätte und für dich die einer Wand, könnte dann nicht beides wahr sein?

A: Nullo modo, quia una eademque res et arbor et paries esse non potest. Quamvis enim singulis nobis singula esse videantur, necesse est unum nostrum imaginationem falsam pati.

R: Quid, si nec paries nec arbor est et ambo fallimini?

A: Potest id quidem.

R: Hoc ergo unum superius praetermiseras.

A: Fateor.

R: Quid, si agnoscatis aliud vobis videri quam est? Numquidnam fallimini?

A: Non.

R: Potest igitur et falsum esse, quod videtur, et non falli, cui videtur.

A: Potest.

R: Confitendum est igitur non eum falli, qui falsa videt, sed eum, qui assentitur falsis.

A: Plane confitendum.

R: Quid ipsum falsum? Quare falsum est?

A: Quod aliter sese habet quam videtur.

R: Si ergo non possint, quibus videatur, nihil est falsum.

A: Sequitur.

A: Keineswegs, weil ein und dieselbe Sache nicht zugleich ein Baum und eine Wand sein kann. Wenn sie auch jedem von uns als etwas anderes erscheinen sollte, so muß doch einer von uns das Opfer einer Sinnestäuschung sein.

V: Wenn es aber ebenso wenig eine Wand wie ein Baum wäre und wir uns beide täuschen?

A: Auch das ist möglich.

V: Diese Möglichkeit hattest du also soeben außer acht gelassen.

A: Das muß ich zugeben.

V: Wenn ihr aber erkennen solltet, daß es euch als etwas anderes vorkommt, als es wirklich ist, täuscht ihr euch auch dann noch?

A: Nein.

V: Es ist also die Möglichkeit vorhanden, daß das falsch ist, was man sieht, und daß der sich nicht täuscht, der es sieht.

A: Das ist möglich.

V: Man muß also zugeben, daß der Irrtum nicht darin besteht, daß man etwas Falsches sieht, sondern daß man etwas Falsches für wahr hält.

A: Ganz unbedenklich.

V: Und das Falsche selbst, weshalb ist es falsch?

A: Weil es in Wirklichkeit anders ist, als es erscheint.

V: Wenn also niemand da und in der Lage ist, daß sich ihm das Falsche zeigen kann, so gibt es auch nichts Falsches.

A: Der Schluß ist zwingend.

R: Non igitur est in rebus falsitas sed in sensu; non autem fallitur, qui falsis non assentitur. Conficitur, ut aliud simus nos, aliud sensus, siquidem, cum ipse fallitur, possumus nos non falli.

A: Nihil habeo, quod contradicam.

R: Sed numquid. cum animo fallitur, audes te dicere non esse falsum?

A: Quo pacto istud audeam?

R: At nullus sensus sine anima, nulla falsitas sine sensu. Aut operatur igitur anima aut cooperatur falsitati.

A: Trahunt praecedentia conclusionem.

R: Illud nunc responde, utrum tibi videatur posse fieri, ut aliquando falsitas non sit!

A: Quomodo mihi hoc videri potest, cum tanta sit difficultas inveniendae veritatis, ut absurdius dicatur falsitatem quam veritatem esse non posse?

R: Numquidnam arbitraris eum, qui non vivit, posse sentire?

A: Non potest fieri.

R: Confectum est animam semper vivere.

A: Nimis cito urges me in gaudia; pedetentim, quaeso.

R: Atqui, si recte illa concessa sunt, nihil de hac re dubitandum video.

V: Die Falschheit liegt also nicht in den Dingen, sondern in den Sinnen; einer Täuschung unterliegt also der nicht, der dem falschen Schein seinen Beifall versagt. Folglich sind wir und unsere Sinne etwas ganz Verschiedenes; wenn sie sich täuschen, haben wir die Möglichkeit, uns nicht täuschen zu lassen.

A: Dagegen kann ich nichts einwenden.

V: Wenn aber die Seele sich täuscht, versteigst du dich dann zur Behauptung, keiner Täuschung zu unterliegen?

A: Wie sollte ich mir das herausnehmen?

V: Aber es gibt doch keine Sinnestätigkeit ohne die Seele, und ohne Sinnestätigkeit keine Falschheit. Die Seele ist also schuld an einem Irrtum, oder sie ist wenigstens mit schuld daran.

A: Diese Ausführungen erheischen Zustimmung.

4. V: Antworte mir jetzt auf folgendes! Hältst du den Fall für möglich, wo Irrtum ausgeschlossen ist?

A: Wie könnte ich das tun? Es ist doch so schwierig, die Wahrheit zu finden, daß es noch sinnloser wäre, dem Irrtum die Existenz abzusprechen als der Wahrheit.

V: Glaubst du, daß einer, der nicht lebt, empfinden kann?

A: Das ist unmöglich.

V: Es ist also erwiesen, daß die Seele immer lebt.

A. Allzu schnell läßt du die Freude in mir auflodern, Schritt für Schritt, bitte.

V: Gleichwohl sehe ich, falls die Prämissen richtig sind, keinen Grund, daran zweifeln zu dürfen.

A: Nimis cito urges me in gaudia; pedetentim, ducor, ut me temere aliquid concessisse arbitrer, quam ut iam securus de immortalitate animae fiam. Tamen evolve istam conclusionem et, quomodo id effectum sit, ostende!

R: Falsitatem dixisti sine sensu esse non posse et eam non esse non posse; semper igitur est sensus. At nullus sensus sine anima; anima igitur sempiterna est. Nec valet sentire, nisi vivat. Semper igitur anima vivit.

Caput IV

Augustinus: O plumbeum pugionem! Posses enim concludere hominem esse immortalem, si tibi concessissem nunquam istum mundum esse posse sine homine eumque mundum esse sempiternum.

Ratio: Bene quidem vigilas. Sed tamen non parum est, quod confecimus rerum naturam sine anima esse non posse, nisi forte in rerum natura falsitas aliquando non erit.

A: Istud quidem consequens esse confiteor. Sed iam amplius deliberandum censeo, utrum superius concessa non nutent. Non enim parvum gradum ad animae immortalitatem factum esse video.

A: Es geht zu schnell, wiederhole ich. Daher bin ich eher geneigt anzunehmen, ich hätte irgendein unüberlegtes Zugeständnis gemacht, als daß ich schon fest überzeugt sein könnte von der Unsterblichkeit der Seele. Entwickele trotzdem diese Schlußfolgerung und zeige mir, wie sie zustande kam!

V: Du hast zugegeben, ohne Sinne gäbe es keinen Irrtum; er existiere aber wirklich. Mithin sind die Sinne immerwährend. Da es jedoch keine Sinne gibt ohne Seele, hat auch die Seele immerwährendes Sein. Sie kann ja nur Sinnestätigkeit ausüben, wenn sie lebt; also lebt sie immerfort.

Kapitel 4

5 Augustinus: Der Hieb sitzt schlecht! Du könntest ja ebenso gut den Schluß ziehen, der Mensch sei unsterblich, wenn ich zugäbe, die Welt könne ohne den Menschen nicht existieren und eben diese Welt sei ewig.

Vernunft: Du bist also recht auf deiner Hut. Es ist trotzdem immerhin schon etwas, was wir festgestellt haben, nämlich daß die Wesenheit der Dinge ohne die Seele nicht bestehen kann, es müßte denn sein, daß die falsche Auffassung über die Wesenheit der Dinge einmal aufhört.

A: Diesen Schluß lasse ich unbedenklich gelten. Aber ich glaube jetzt eingehender nachprüfen zu müssen, ob die Prämissen, die ich weiter oben habe gelten lassen, nicht auf schwachen Füßen stehen. Denn soviel ich sehe, sind wir in der Beweisführung von der Unsterblichkeit der Seele schon ein gutes Stück weiter gekommen.

R: Satisne considerasti, ne quid temere dederis?

A: Satis quidem, sed nihil video, quo me arguam temeritatis.

R: Ergo confectum est rerum naturam sine anima viva esse non posse.

A: Confectum hactenus, ut possint vicissim aliae nasci, aliae mori.

R: Quid, si de natura rerum falsitas auferatur? Nonne fiet, ut vera sint omnia?

A: Consequi video.

R: Responde, unde tibi videatur paries iste verus esse!

A: Quia eius non fallor aspectu.

R: Ergo quia ita est, ut videtur.

A: Etiam.

R: Si igitur aliquid inde falsum est, quod aliter videtur atque est, inde verum, quod ita, ut est, videtur; ablato eo, cui videtur, nec falsum quidquam nec verum est. At si falsitas in rerum natura non sit, vera sunt omnia. Nec videri quidquam, nisi viventi animae potest. Manet igitur anima in rerum natura, si auferri falsitas non potest; manet, si potest.

V: Hast du hinreichend darüber nachgedacht, ob du mir nicht doch ein unüberlegtes Zugeständnis gemacht hast?

A: Das ja; aber ich kann nichts finden, weshalb ich mich eines Mangels an Überlegung anklagen müßte.

V: Es ist also erwiesen, daß die Wesenheit der Dinge nur unter der Voraussetzung einer lebenden Seele bestehen kann.

A: Allerdings mit der einschränkenden Bemerkung, daß von den Seelen immer wieder die einen geboren werden, die anderen sterben können.

V: Und weiter; wenn das Falsche aus der Wesenheit verschwände, hätte das nicht zur Folge, daß dann alles wahr ist?

A: Der Schluß ist einleuchtend.

V: Sag mir: Woraus schließest du, daß die Mauer da eine richtige Mauer ist?

A: Weil ihr Aussehen mich nicht täuscht.

V: Also weil sie das ist, was sie zu sein scheint?

A: Ja.

V: Wenn also etwas deshalb falsch ist, weil es anders erscheint, als es in Wirklichkeit ist, und aus demselben Grunde etwas wahr ist, weil es so ist, wie es erscheint, so gibt es nichts Wahres und Falsches mehr, wenn niemand mehr da ist, der es sieht. Aber wenn das Falsche nicht in der Wesenheit der Dinge liegt, dann ist alles wahr. Und alles kann nur von einer lebenden Seele in Augenschein genommen werden. Es verbleibt also die Seele in der Natur, wenn man das Falsche nicht ausmerzen kann, und sie verbleibt noch darin, wenn man es kann.

A: Video robustius quidem esse factum, quod iam conclusum erat, sed nihil hac adiectione promovimus. Nihilominus enim manet illud, quod plurimum me movet, nasci animas et interire atque, ut non desint mundo, non earum immortalitate sed successione provenire.

R: Videnturne tibi quaeque corporea, id est 6
sensibilia, intellectu posse comprehendi?

A: Non videntur.

R: Quid illud? Videtur tibi sensibus uti deus ad res cognoscendas?

A: Nihil audeo de hac re temere affirmare, sed quantum conicere datur, nullo modo deus utitur sensibus.

R: Ergo concludimus non sentire posse nisi animam.

A: Conclude interim, quantum probabiliter licet.

R: Quid illud? Dasne istum parietem, si verus paries non sit, non esse parietem?

A: Nihil hoc facilius dederim.

R: Neque quidquam, si verum corpus non sit, corpus esse?

A: Tale etiam hoc est.

R: Ergo si nihil verum est, nisi ita sit, ut videtur, nec quidquam corporeum videri nisi sensibus potest, nec sentire nisi anima, nec, si

A: Das dient, wie ich sehe, der Erhärtung der bereits gezogenen Schlüsse; aber dieser Zusatz hilft uns nicht weiter. Es bleibt trotzdem noch ein Bedenken, das mich sehr beunruhigt, nämlich daß die Seelen geboren werden und sterben, und daß, wenn sie auch in der Welt nicht fehlen, diese Tatsache nicht von ihrer Unsterblichkeit, sondern von dem ständigen Nachwuchs herrührt.

6. V: Können nach deiner Ansicht alle körperlichen, d. h. sinnlich wahrnehmbaren Dinge gedanklich erfaßbar sein?

A: Ich glaube nicht.

V: Und glaubst du weiter, daß Gott bei der Erkenntnis der Dinge sich der Sinne bedient?

A: Ich bringe es nicht über mich, hierüber eine leichtfertige Behauptung aufzustellen; aber wie man vermuten darf, bedient sich Gott keineswegs der Sinne.

V: Wir können also den Schluß ziehen, nur die Seele mache sinnliche Wahrnehmungen.

A: Das ist nur wahrscheinlich; doch ich will dir einstweilen solche Schlüsse gestatten.

V: Gibst du ferner zu, daß die Mauer da, falls sie keine richtige Mauer ist, keine Mauer ist?

A: Kein Zugeständnis könnte mir leichter fallen.

V: Und daß nichts ein Körper sein kann, falls es kein richtiger Körper ist?

A: Auch das ist so.

V: Wenn also nichts wahr ist, wenn es nicht so ist, wie es erscheint, wenn nichts Körperliches gesehen werden kann als durch die Sinne, wenn die Seele

verum corpus non sit, corpus esse, restat, ut corpus esse non possit, nisi anima fuerit.

A: Nimis urges, et quid resistam, non habeo.

Caput V

Ratio: Attende in ista diligentius!
Augustinus: En adsum.

R: Certe hic lapis est, et ita verus est, si non se habet aliter ac videtur, et lapis non est, si verus non est, et non nisi sensibus videri potest.

A: Etiam.

R: Non sunt igitur lapides in abditissimo terrae gremio nec omnino, ubi non sunt, qui sentiant; nec iste lapis esset, nisi eum videremus; nec lapis erit, cum discesserimus, nemoque alius eum praesens videbit; nec si loculos bene claudas, quamvis multa in eis incluseris, aliquid habebunt; nec prorsus ipsum lignum intrinsecus lignum est. Fugit enim omnes sensus quidquid in altitudine est corporis minime perlucentis, quod non esse omnino cogitur. Etenim si esset, verum esset; nec verum quidquam est, nisi quod ita est, ut videtur; illud autem non videtur; non est igitur verum, nisi quid habes, ad haec quod respondeas.

allein Wahrnehmungen machen kann, wenn ein Körper nur da existiert, wo es sich um einen richtigen Körper handelt, so bleibt nur der Schluß übrig, daß es keinen Körper geben kann, wenn es keine Seele gibt.

A: Du drängst arg rasch voran, und ich habe nichts, worauf ich bei einer Entgegnung fußen könnte.

Kapitel 5

7. **Vernunft**: Paß jetzt noch schärfer auf!

Augustinus: Ich bin auf meinem Posten.

V: Was ich hier habe, ist doch ohne Zweifel ein Stein? Er ist dann ein richtiger Stein, wenn er wirklich das ist, als was er erscheint; es ist kein Stein, wenn er nicht echt ist; er kann nur von den Sinnen wahrgenommen werden.

A: Ganz recht.

V: Dann gibt es also in dem ganz dem Blicke entzogenen Schoße der Erde keine Steine und überhaupt dort nicht, wo niemand da ist, der sie sehen kann. Auch der Stein da existierte nicht, wenn wir ihn nicht sähen; und es ist kein Stein mehr, wenn wir weggehen und sonst niemand da ist, der ihn sehen kann. Und wenn du noch so viel in einer Kiste unter Verschluß hast, so ist nichts mehr drin, sobald du sie gut verschlossen hast. Und sogar das Holz im Innern ist gar kein Holz mehr. Alles, was in einem ganz undurchsichtigen Körper sich befindet, entgeht jeder sinnlichen Wahrnehmung und existiert folglich überhaupt nicht. Wenn es nämlich existierte, wäre es wahr; aber nur das ist wahr, was wirklich so ist, wie es erscheint. Aber es tritt ja nicht in die Erscheinung; daher ist es auch nicht wahr. Hast du vielleicht etwas darauf zu erwidern?

A: De iis quidem, quae concessi, hoc natum esse video, sed absurdum ita est, ut quidquid vis illorum facilius negem quam hoc verum esse concedam.

R: Nihil repugno. Vide ergo, quid dicere velis: corporea nisi sensibus videri posse an sentire nisi animam, an esse lapidem vel quid aliud sed verum non esse, an ipsum verum aliter esse definiendum.

A: Isthuc ipsum, oro te, ultimum videamus.

R: Defini ergo verum.

A: Verum est, quod ita se habet, ut cognitori videtur, si velit possitque cognoscere.

R: Non erit igitur verum, quod nemo potest cognoscere? Deinde, si falsum est, quod aliter quam est, videtur; quid, si alteri videatur hic lapis lapis, alteri lignum? Eadem res et falsa et vera erit?

A: Illud me magis superius movet, quomodo, si quid cognosci non potest, eo fiat, ut verum non sit. Nam quod simul una res et vera et falsa est, non nimis curo. Etenim video unam rem diversis comparatam simul et maiorem et minorem esse. Sed ex eo istud contingit, quod nihil per se maius aut minus est. Comparationis enim sunt ista nomina.

A: Ich sehe wohl, daß diese Schlüsse von den Prämissen herrühren, die ich habe gelten lassen; aber es ist derart sinnlos, daß ich eher geneigt bin, jede beliebige von den Prämissen zu verwerfen als die Wahrheit dieses Schlusses anzuerkennen.

V: Ich habe nichts dagegen. Sieh also zu, was du willst gelten lassen! Können die Körper auf andere Weise als von den Sinnen erkannt werden, oder kann eine Wahrnehmung außerhalb der Seele erfolgen, oder kann es einen Stein oder sonst etwas geben, ohne etwas Wahres darzustellen, oder müssen wir gerade für das Wahre einen anderen Begriff ermitteln?

A: Gerade das, das letzte, wollen wir in Erwägung ziehen.

8. V: Bestimme also den Begriff des Wahren!

A: Wahr ist, was wirklich so ist, wie es dem erscheint, der es sieht, falls er es erkennen will und kann.

V: Dann ist also das nicht wahr, was niemand erkennen kann? Wenn ferner das falsch ist, was anders erscheint, als es in Wirklichkeit ist, wie ist es dann, wenn einer diesen Stein als Stein, ein anderer aber als Holz ansieht? Ist dann nicht dieselbe Sache zugleich falsch und wahr?

A: Dein erster Einwand gibt mir am meisten zu denken: Wie kann man aus der Unerkennbarkeit eines Dinges darauf schließen, es sei nicht wahr? Denn daß ein und dieselbe Sache wahr und falsch sein kann, danach frage ich nicht allzuviel. Ich sehe ja, daß ein und dasselbe Ding, wenn man es mit verschiedenen anderen vergleicht, zugleich größer und kleiner sein kann; aber das kommt daher, daß nicht von sich selbst aus größer oder kleiner ist. Das sind ja nur Worte, die sich aus einem Vergleich ergeben.

R: At si dicis nihil esse verum per se, non times, ne sequatur, ut nihil sit per se? Unde enim lignum est hoc, inde etiam verum lignum est. Nec fieri potest, ut per seipsum, id est sine cognitore lignum sit et verum lignum non sit.

A: Ergo illud dico et sic definio nec vereor, ne definitio mea ob hoc improbetur, quod nimis brevis est; nam verum mihi videtur esse id, quod est.

R: Nihil ergo erit falsum, quia, quidquid est, verum est.

A: In magnas angustias me coniecisti nec invenio prorsus, quid respondeam. Ita fit, ut, cum aliter doceri nolim quam istis interrogationibus, verear iam tamen interrogari.

Caput VI

Ratio: Deus, cui nos commisimus, sine dubitatione fert opem et de his angustiis liberat nos, modo credamus et eum rogemus devotissime.

Augustinus: Nihil plane libentius hoc loco fecerim; nam nusquam tantam caliginem pertuli. Deus, pater noster, qui, ut oremus, hortaris, qui et hoc, quod rogaris, praestas, siquidem, cum te rogamus, melius vivimus melioresque sumus, exaudi me palpitantem in his tenebris et mihi dexteram porrige! Praetende mihi lumen tuum, revoca me ab erroribus! Te duce in me redeam et in te. Amen.

V: Aber wenn du behauptest, nichts sei an und für sich wahr, fürchtest du dann nicht den Schluß, nichts existiere von sich selbst aus? Was die Wesenheit des Holzes hervorruft, macht es auch zugleich zu wahrem Holze. Aus sich selbst, d. h. ohne Rücksicht darauf, daß es einer sieht oder nicht, kann es unmöglich zugleich Holz und doch kein richtiges Holz sein.

A: Ohne Rücksicht darauf, daß sie wegen ihrer arg kurzen Fassung zurückgewiesen werden könnte, will ich meine Definition also so fassen: Nach meiner Ansicht ist das wahr, was ist.

V: Es kann also nichts Falsches geben, weil alles, was ist, wahr ist.

A: Du hast mich arg in die Enge getrieben, und ich weiß wirklich nichts mehr zu erwidern. Wenn ich auch nur durch Frage und Antwort Belehrung wünsche, so scheue ich infolgedessen doch davor zurück, mich weiter fragen zu lassen.

Kapitel 6

9. Vernunft: Gott, dem wir uns anvertraut haben, gewährt uns sicher Hilfe. Er befreit uns aus dieser Not, wenn wir nur Vertrauen haben und ihn inbrünstig darum bitten.

Augustinus: Nichts kann mir gerade jetzt willkommener und lieber sein, als das zu tun; denn noch nie habe ich unter einer solchen Finsternis gelitten. „Gott, unser Vater, der uns zum Beten ermuntert, der auch das gewährt, worum wir ihn bitten; wenn wir zu dir beten, wird ja auch unser Lebenswandel und wir selbst besser. Erhöre mich, der sich in dieser Finsternis einhertastet, und reich mir deine Rechte! Laß mir dein Licht entgegenleuchten; halte mich ab von Irrwegen! Lenke meine Schritte, daß ich zu mir wieder heimfinde und zu dir! Amen."

R: Hic esto, quantum potes, et vigilantissime attende!

A: Dic, quaeso, si quid tibi suggestum est, ne pereamus.

R: Hic esto!

A: Ecce habes me nihil aliud agentem.

R: Prius, quid sit falsum, etiam atque etiam ventilemus.

A: Miror, si quidquam aliud erit, quam quod non ita est, ut videtur.

R: Attende potius et ipsos sensus prius interrogemus. Nam certe, quod oculi vident, non dicitur falsum, nisi habeat aliquam similitudinem veri. Ut verbi causa homo, quem videmus in somnis, non est utique verus homo sed falsus eo ipso, quod habet veri similitudinem. Quis enim canem videat et recte se dicat hominem somniasse? Ergo et ille falsus canis est ex eo, quod similis vero est.

A: Ita est ut dicis.

R: Quid, vigilans quisque si viso equo putet se hominem videre? Nonne eo fallitur, quod ei appareat aliqua hominis similitudo? Nam si nihil ei appareat nisi equi species, non potest arbitrari sese hominem videre.

A: Prorsus cedo.

R: Dicimus item falsam arborem, quam pictam videmus, et falsam faciem, quae de speculo red-

V: Sei möglichst bei der Sache und paß ganz scharf auf!

A: Sag mir, bitte, ob du etwas zur Hand hast, damit wir uns nicht verlieren!

V: Sei auf deinem Posten!

A: Ich bin ganz Auge und Ohr.

10. V: Zuerst wollen wir die Frage, was falsch ist, gründlich und immer wieder erörtern.

A: Ich bin neugierig zu hören, ob es etwas anderes ist als das, was nicht so ist, wie es erscheint.

V: Gib mal erst acht! Wir wollen zuerst die Sinne befragen. Sicher kann man das, was die Augen sehen, nur dann falsch nennen, wenn es irgendeine Ähnlichkeit mit dem Wahren hat. So ist z. B. ein Mensch, den wir im Traume sehen, auf keinen Fall ein richtiger Mensch, sondern ein falscher, und das gerade deshalb, weil er die Ähnlichkeit eines wahren Menschen an sich trägt. Wer kann im Traume einen Hund sehen und behaupten, er habe von einem Menschen geträumt? Auch der Hund ist also aus dem Grunde falsch, weil er einem richtigen ähnlich ist.

A: Es ist, wie du sagst.

V: Wie ist es aber, wenn einer in wachem Zustande ein Pferd sieht und glaubt, einen Menschen zu sehen? Täuscht ihn nicht ein menschenähnliches Bild, das sich ihm darbietet? Wenn sich ihm nichts anderes darböte als die Gestalt eines Pferdes, dann käme er gar nicht zu dem Wahne, einen Menschen zu sehen.

A: Das gebe ich gerne zu.

V: Ebenso nennen wir einen Baum falsch, den wir auf einem Gemälde sehen, falsch ein Gesicht, das uns

ditur, et falsum turrium motum navigantibus falsamque infractionem remi ob aliud nihil, nisi quod verisimilia sunt.

A: Fateor.

R: Ita et in geminis fallimur, ita in ovis, ita in singulis sigillis uno annulo impresssis et in caeteris talibus.

A: Sequor omnino atque concedo.

R: Similitudo igitur rerum, quae ad oculos pertinet, mater est falsitatis.

A: Negare non possum.

R: Sed haec omnis silva, nisi me fallit, in duo 11 genera dividi potest. Nam partim aequalibus in rebus, partim vero in deterioribus est. Aequalia sunt, quando tam hoc illi quam illud huic simile esse dicimus, ut de geminis dictum est vel de impressionibus annuli. In deterioribus autem, quando illud, quod deterius est, simile esse dicimus meliori. Quis enim in speculum attendat et recte dicat se esse illi imagini similem ac non potius illam sibi? Hoc autem genus partim est in eo, quod anima patitur, partim vero in iis rebus, quae videntur. Sed ipsum, quod anima patitur, aut in sensu patitur, ut turris motum, qui nullus est, aut apud se ipsam ex eo, quod accepit a sensibus, qualia sunt visa somniantium et fortassis etiam furentium. Porro illa, quae

ein Spiegel bietet; falsch die Bewegung von hohen Gebäuden, wenn man die Küste entlang fährt; falsch die Brechung des Ruders; und das einzig und allein aus dem Grunde, weil sie etwas dem Wahren Ähnliches an sich haben.

A: Das gebe ich zu.

V: So täuschen wir uns auch bei Zwillingen, Eiern, bei Siegeln, die vom selben Petschaft herrühren, usw.

A: Ich bin ganz bei der Sache und einverstanden.

V: Die Ähnlichkeit der Dinge, die das Auge feststellt, ist also die Mutter des Irrtums.

A: Das kann ich nicht abstreiten.

11. V: Aber die Sträucher dieses Gestrüpps kann man, wenn ich nicht irre, in zwei Arten einreihen; denn der Irrtum vollzieht sich zur einen Hälfte an gleichen Dingen, zur anderen liegt er in der Minderwertigkeit. Es handelt sich um gleiche Dinge, wenn wir bei beiden die gleiche Ähnlichkeit feststellen, wie es der Fall ist bei Zwillingen oder Siegelabdrücken. Minderwertigkeit liegt vor, wenn wir sagen, das weniger Gute sei dem Besseren ähnlich. Wie könnte einer, der in einen Spiegel sieht, sagen, er sei dem Spiegelbilde ähnlich und nicht vielmehr, es sei ihm ähnlich? Diese zweite Kategorie beruht zum Teil darin, daß ein subjektives Empfinden der Seele vorliegt, zum Teil auf der Art und Weise, wie das Objekt in die Erscheinung tritt. Das subjektive Empfinden der Seele beruht auf den Eindrücken der Sinne, wie die unwirkliche Bewegung der hohen Gebäude, oder in ihrem Innern sind frühere Sinneseindrücke tätig, wie es bei Traumbildern und vielleicht auch bei Wahnvorstellungen der Fall ist. Ferner hat der Irrtum, der an den Dingen,

in ipsis rebus, quas videmus, apparent, alia a natura, caetera ab animantibus exprimuntur atque finguntur. Natura gignendo vel resultando similitudines deteriores facit; gignendo, cum parentibus similes nascuntur, resultando, ut de speculis cuiusce modi. Quamvis enim pleraque specula homines faciant, non tamen ipsi effingunt eas, quae adduntur imagines. Iam vero animantium opera sunt in picturis et huiuscemodi quibusque figmentis. In quo genere includi etiam illa possunt, si tamen fiunt, quae daemones faciunt. Umbrae tamen corporum, quia non nimis ab re abest, ut corporibus similes et quasi falsa corpora dicantur, nec ad oculorum iudicium pertinere negandae sunt, in illo eas genere poni placet, quod resultando a natura fit. Resultat enim omne corpus lumini obiectum et in contrariam partem umbram reddit. An tibi aliquid contradicendum videtur?

A: Mihi vero nihil; sed quonam ista tendant, vehementer exspecto.

R: Atqui oportet patienter feramus, donec nobis caeteri sensus renuntientur in veri similitudine habitare falsitatem. Nam et in ipso auditu totidem fere genera veniunt similitudinum, veluti cum loquentis vocem, quem non videmus, audientes putamus alium quempiam, cui voce similis est. Atque in deterioribus vel echo testis est vel tinnitus ille ipsarum aurium vel in horologiis merulae aut corvi quaedam imitatio vel quae sibi somniantes aut furentes

die wir sehen, in die Erscheinung tritt, zum Teil in der Natur seine Quelle, zum Teil in den nachgeahmten Erzeugnissen der Lebewesen. Die Natur bringt ähnliche Dinge von geringerem Werte hervor durch Zeugung und Reflexe: durch Zeugung, indem sie den Kindern Ähnlichkeit mit den Eltern mitgibt, durch Reflexe bei Spiegelbildern jeder Art. Mögen auch die meisten Spiegel aus Menschenhänden hervorgehen, so schaffen diese doch keine Bilder, um sie beizugeben. Erst recht handelt es sich um Menschenwerk bei Gemälden und allen derartigen bildlichen Darstellungen. In diese Kategorie können auch die Vorspiegelungen der Dämonen eingereiht werden, falls solche überhaupt vorkommen. Die Schattenbilder der Körper, die ja in ihrer Form fast der Wirklichkeit entsprechen, kann man als den Körpern ähnlich und eine Art falscher Körper bezeichnen. Ihre Beurteilung muß man den Augen überlassen und sie wohl in die Kategorie der Täuschungen einreihen, die die Natur durch Reflexe hervorruft; denn jeder Körper, der dem Lichte ausgesetzt ist, wirft es zurück und nach der entgegengesetzten Seite Schatten. Hast du irgendwelche Einwendungen zu machen?

A: Ich nicht; aber worauf du hinauswillst, darauf bin ich gespannt.

12. V: Und doch müssen wir wacker durchhalten, bis die Bestätigung der übrigen Sinne einläuft, daß das Falsche in der Ähnlichkeit mit dem Wahren bestehe. Denn auch beim Gehör kommen fast ebenso viele Arten von Ähnlichkeit vor. Wenn wir einen sprechen hören, ohne ihn zu sehen, halten wir ihn für irgendeinen anderen, wenn er eine ähnliche Stimme hat. Von den schwächeren Beispielen der Ähnlichkeit legt das Echo Zeugnis ab oder schon das Klingen der Ohren oder bei den Uhren die Nachahmung des Amselschlags

videntur audire. Falsae autem voculae, quae dicuntur a musicis, incredibile est, quantum attestantur veritati, quod post apparebit; tamen etiam ipsae, quod sat est nunc, non absunt ab earum similitudine, quas veras vocant. Sequeris haec?

A: Et libentissime; nam nihil laboro, ut intelligam.

R: Ergo, ne moremur, videturne tibi aut lilium a lilio posse odore aut mel thyminum a melle thymino de diversis alveariis sapore aut mollitudo plumarum cycni ab anseris tactu facile diiudicari?

A: Non videtur.

R: Quid, cum talia nos vel olfacere vel gustare vel tangere somniamus? Nonne similitudine imaginum eo deteriore quo inaniore decipimur?

A: Verum dicis.

R: Ergo apparet nos in omnibus sensibus sive aequalibus sive in deterioribus rebus aut similitudine lenocinante falli aut, etiamsi non fallimur suspendentes consensionem seu differentiam dignoscentes, tamen eas res falsas nominare, quas verisimiles deprehendimus.

A: Dubitare non possum.

oder Rabenschreis, oder was Träumende oder Irre scheinbar hören. Die falschen Töne, wie es in der Sprache der Musik heißt, tragen unglaublich viel dazu bei, die Wahrheit zu bezeugen, wie wir weiter unten sehen werden. Jetzt genügt uns der Hinweis, daß auch sie trotzdem den sogenannten richtigen Tönen recht ähnlich sind. Kommst du mit?

A: Mit Vergnügen; denn das Verständnis macht mir keine Mühe.

V: Also um weiterzukommen: Scheint es dir möglich, durch den Duft eine Lilie von der anderen bequem zu unterscheiden oder am Geschmack den Honig vom Thymian bei verschiedenen Bienenvölkern oder durch das Gefühl den zarten Flaum beim Gefieder eines Schwanes und einer Gans?

A: Ich glaube nicht.

V: Wie ist es, wenn wir im Traume diese Dinge riechen, schmecken oder berühren? Lassen wir uns dann nicht durch die Ähnlichkeit der Vorstellungen täuschen, die um so geringer ist, je grundloser sie ist?

A: Das ist wahr.

V: Daraus geht hervor: Bei allen sinnfälligen Wahrnehmungen an gleichwertigen oder minderwertigen Objekten verführt uns die Ähnlichkeit zu einer Täuschung. Und selbst wenn wir uns nicht täuschen lassen, weil wir unsere Anerkennung in der Schwebe lassen oder den Unterschied deutlich erkennen, so bezeichnen wir die Dinge doch mit falsch, an denen wir eine nur eine Ähnlichkeit mit dem Wahren festgestellt haben.

A: Ohne Zweifel.

Caput VII

Ratio: Nunc attende, dum eadem rursum recurrimus, quo fiat apertius, quod conamur ostendere.

Augustinus: Eccum loquere, quod vis! Nam ego circumitum istum semel statui tolerare neque in eo defatiscar spe tanta perveniendi, quo nos tendere sentio.

R: Bene facis, sed attende, utrum tibi videatur, cum ova similia videmus, aliquod eorum falsum esse recte nos posse dicere.

A: Nullo modo videtur; omnia enim, si ova sunt, vere ova sunt.

R: Quid, cum de speculo resultare imaginem videmus? Quibus signis falsam esse comprehendimus?

A: Scilicet, quod non tenetur, non sonat, non per se movetur, non vivit et caeteris innumerabilibus, quae prosequi longum est.

R: Video te nolle immorari et properationi tuae mos gerendus est. Itaque, ne singula repetam, si et illi homines, quos videmus in somnis, vivere, loqui, teneri a vigilantibus possent nihilque inter ipsos differret et eos, quos

Kapitel 7

13. **Vernunft:** Jetzt gib acht! Wir wollen wieder auf dieselben Beobachtungen zurückkommen, damit das Ergebnis unserer Beweisführung noch deutlicher wird.

Augustinus: Ich bin dabei; sprich nach Belieben weiter! Ich habe mir ein für allemal vorgenommen, mich mit der Weitschweifigkeit des Weges abzufinden, und ich scheue keine Ermüdung, wo mir die freudige Hoffnung winkt, das Ziel zu erreichen.

V: Du tust gut daran. Aber überleg dir die Antwort gut auf die Frage: Können wir bei der Ähnlichkeit, die wir an Eiern feststellen, mit Recht behaupten, das eine oder andere von ihnen sei falsch?

A: Keineswegs, wie ich glaube. Denn wenn es alle Eier sind, so sind es wahrhaft Eier.

V: Wenn wir aber ein Spiegelbild sehen, woran erkennen wir dann das Falsche?

A: Natürlich daran, daß man es nicht anfassen kann, daß es keinen Laut von sich gibt, keine Eigenbewegung hat, nicht leibt und lebt und an unzähligen anderen Tatsachen, deren Aufzählung zu weit führen würde.

V: Du willst dich nicht weiter aufhalten, wie ich sehe; ich will deinem Ungestüm entgegenkommen. Um daher nicht auf jedes einzelne Beispiel zurückzukommen,: Wenn die Menschen, die wir im Traume sehen, lebendig wären, sprechen könnten und berührbar wären für

expergefacti ac sani alloquimur et videmus, numquidnam eos falsos diceremus?

A: Quo pacto istud recte diceretur?

R: Ergo, si eo veri essent, quo veri simillimi apparerent nihilque inter eos et veros omnino distaret, eoque falsi, quo per illas vel alias differentias dissimiles convincerentur, nonne similitudinem veritatis matrem et dissimilitudinem falsitatis esse fatendum est?

A: Non habeo, quid dicam, et pudet me tam temerariae consensionis meae superioris.

R: Ridiculum est, si te pudet, quasi non ob idipsum elegerimus huiusmodi sermocinationes; quae quoniam cum solis nobis loquimur, Soliloquia vocari et inscribi volo, novo quidem et fortasse duro nomine sed ad rem demonstrandam satis idoneo. Cum enim neque melius quaeri veritas possit quam interrogando et respondendo et vix quisquam inveniatur, quem non pudeat convinci disputantem, eoque pene semper eveniat, ut rem bene inductam ad discutiendum inconditus pervicaciae clamor explodat etiam cum laceratione animorum plerumque dissimulata interdum et aperta, pacatissime, ut opinor, et

Leute in wachem Zustande und sich überhaupt nicht unterschieden von denen, die wir begrüßen und ansprechen, wenn wir wach sind und den völligen Gebrauch unserer Sinne haben, hätten wir dann noch einen Grund, sie falsch zu nennen?

A: Ich wüßte nicht, was uns dazu berechtigte.

V: Wenn also das sie wahr macht, wodurch sie den wirklichen Bildern ganz ähnlich erscheinen, so daß überhaupt kein Unterschied mehr zwischen ihnen und wirklichen Menschen besteht, und wenn ihnen das den Stempel der Falschheit aufdrückt, was wegen des einen oder anderen Unterschiedes ihre Unähnlichkeit verrät, muß man dann nicht die Ähnlichkeit als Mutter der Wahrheit und die Unähnlichkeit als Mutter der Falschheit anerkennen?

A: Ich finde keine Worte vor Scham, daß ich oben so unvorsichtig zugestimmt habe.

14. V: Du hast keinen Grund, dich zu schämen. Gerade das wollte ich vermeiden, indem ich diese Art der Unterhaltung wählte. Da wir uns nur mit uns selbst unterhalten, will ich sie „Selbstgespräche" nennen und betiteln. Es ist ein neugeprägtes und vielleicht hartklingendes Wort, aber recht passend für das, was es besagen will. Es gibt keine bessere Art, die Wahrheit zu suchen, als durch Frage und Antwort. Aber es ist kaum jemand zu finden, der nicht arg betroffen ist, wenn er in einem Redegefecht unterliegt. In der Regel nimmt eine Erörterung, wenn sie gerade in Fluß ist, durch das aufgeregte Geschrei eines hartnäckigen Partners ein jähes Ende. Man fühlt sich sogar persönlich arg verletzt, was man sich meist nicht anmerken läßt, aber zuweilen doch unverhohlen zeigt. Deshalb wolltest du lieber, glaube ich, ganz unangefochten und in

commodissime placuit a me ipso interrogatum mihique respondentem deo adiuvante verum quaerere. Quare nihil est, quod vereare, sicubi te temere illigasti, redire atque resolvere; aliter huic enim evadi non potest.

Caput VIII

Augustinus: Recte dicis; sed quid male concesserim, non plane video, nisi forte id recte dici falsum, quod habeat aliquam veri similitudinem, cum prorsus mihi nihil aliud dignum falsi nomine occurrat; et rursus tamen cogor fateri eo falsa vocari, quae vocantur, quo a veris differunt. Ex quo conficitur eam ipsam dissimilitudinem causam esse falsitatis. Itaque conturbor, non enim mihi facile quidquam venit in mentem, quod contrariis causis gignatur.

Ratio: Quid, si hoc unum est in rerum natura genus et solum, quod ita sit? An ignoras, cum per animalium innumerabilia genera cucurreris, solum crocodilum inveniri, qui superiorem in mandendo partem moveat, praesertim cum pene reperiri nihil queat ita cuique rei simile, ut non in aliquo etiam dissimile sit?

A: Video quidem ista, sed cum considero illud, quod falsum vocamus, et simile aliquid habere veri et dissimile, ex qua potius parte meruerit falsi nomen, non valeo discernere. Si enim ex eo, quod dissimile est, dixero, nihil erit, quod

aller Ruhe mit Gottes Hilfe die Wahrheit suchen, indem du auf meine Fragen antwortetest. Und so kannst du in aller Gelassenheit aus der Wirrnis zurückkehren, wenn du dich vergaloppiert hast; denn kein anderer Weg führt von hinnen.

Kapitel 8

15. Augustinus: Du hast recht; aber ich sehe nicht recht, bei welchem Punkte ich ein falsches Zugeständnis gemacht habe; vielleicht weil ich die These habe gelten lassen, das Falsche habe eine gewisse Ähnlichkeit mit dem Wahren. Es fällt mir sonst gar nichts ein, das ich als falsch bezeichnen könnte. Und doch muß ich weiter zugeben, daß das, was wir als falsch bezeichnen, deshalb diese Bezeichnung verdient, weil es sich vom Wahren unterscheidet. Daraus folgt, daß nichts anderes als die Unähnlichkeit die Ursache der Falschheit ist. Das beunruhigt mich, denn es fällt mir kaum was ein, dessen Entstehung mit einem Gegengrund etwas zu tun hätte.

Vernunft: Aber wenn es sich um einen Ausnahmefall in der Natur handelt und er einzig und allein dasteht? Oder weißt du nicht, wenn du die zahllosen Arten der Lebewesen durchgehst, daß du nur beim Krokodil die Eigenart feststellst, beim Fressen den Oberkiefer zu bewegen? Auch sonst kann man kaum zwei Dinge finden, die sich so ähnlich sind, daß man nicht doch eine Unähnlichkeit konstatieren könnte.

A: Das sehe ich auch; aber wenn ich bedenke, daß das, was wir als falsch bezeichnen, mit dem Wahren zugleich irgendwie Ähnlichkeit und Unähnlichkeit hat, so sehe ich nicht genau, welcher von beiden Eigenschaften es mit besonderem Recht die Bezeichnung

non falsum dici possit; nihil enim est, quod non alicui rei dissimile sit, quam veram esse concedimus. Item, si dixero eo, quod simile est, falsum appellandum, non solum ova illa reclamabunt, quae vera eo ipso sunt, quo simillima, sed etiam sic non effugiam eum, qui me coegerit falsa esse omnia confiteri, quod omnia sibi ex aliqua parte similia esse negare non possum. Sed fac me non metuere illud respondere similitudinem ac dissimilitudinem simul efficere, ut aliquid falsum recte nominetur, quam mihi evadendi viam dabis? Instabitur enim nihilominus, ut omnia falsa esse renuntiem, quippe omnia sibimet, ut supra dictum est, et similia quadam ex parte et dissimilia reperiuntur. Restaret, ut nihil aliud falsum esse dicerem, nisi quod aliter se haberet atque videretur, ni vererer illa tot monstra, quae me dudum enavigasse arbitrabar. Nam eo rursum repellor vertigine inopinata, ut verum id esse dicam, quod ita se habet, ut videtur. Ex quo confit sine cognitore nihil verum esse posse, ubi mihi naufragium in scopulis occultissimis formidandum est, qui veri sunt, etiamsi nesciantur. Aut si verum esse id, quod est, dixero, falsum non esse uspiam concludetur quovis repugnante. Itaque redeunt illi aestus nec quidquam tanta patientia morarum tuarum processisse me video.

„falsch" verdankt. Suche ich nämlich den Grund in der Unähnlichkeit, so muß man eben alles als falsch bezeichnen; denn es gibt nichts, das keine Unähnlichkeit mit einer Sache hätte, die wir als wahr anerkennen. Nicht besser ergeht es mir mit meiner Behauptung, die Ähnlichkeit sei der Grund, eine Sache „falsch" zu nennen. Nicht nur die Eier werden Widerspruch erheben, die ja gerade deshalb wahr sind, weil sie sich ganz ähnlich sind; auch dem werde ich ebenso nicht entrinnen können, vor dem ich bekennen muß, es sei alles falsch, weil ich nicht bestreiten kann, daß alles sich in irgendeiner Hinsicht ähnlich ist. Wenn ich aber durch dich den Mut aufbringen sollte zu antworten, die Ähnlichkeit und Unähnlichkeit würden gemeinsam dazu beitragen, daß etwas mit Recht falsch genannt werden könnte, wirst du mir dann auch dazu verhelfen, daß ich auf und davon komme? Jener wird nicht weniger fest auf meinem Geständnis bestehen, daß alles falsch ist, da ja alle Dinge, wie gesagt, in irgendeiner Hinsicht sich ähnlich und auch wieder unähnlich erscheinen. Ich könnte dann schließlich noch sagen, nur das sei falsch, das anders sei, als es scheine, aber ich habe Angst vor den vielen Katarakten, die ich längst glücklich umschifft wähnte. Denn unverhofft reißt mich ein Wirbel wieder dahin zurück, das als wahr zu bezeichnen, was wirklich so ist, wie man es sieht. Daraus folgt, daß es nichts Wahres geben kann, wo niemand ist, der es erkennt. Aber hier muß ich Schiffbruch befürchten an den wohlverborgenen Klippen, die wahr sind, obschon man sie nicht erkennt. Oder wenn ich sage, wahr sei das, was ist, wird man den Schluß ziehen, daß es gar nichts Falsches gibt, wogegen alles in der Welt sich auflehnt. Und so treibe ich wieder in den Strömungen der Brandung und bin bei meiner Geduld, die mich dein langes Verweilen gekostet hat, nicht merklich weiter gekommen.

Caput IX

Ratio: Attende potius; nam nullo modo in 16
animum inducam frustra nos auxilium divinum
implorasse. Video enim tentatis, quantum potuimus, omnibus rebus non remansisse, quod falsum iure dicatur, nisi quod aut se fingit esse,
quod non est, aut omnino esse tendit et non est.
Sed illud superius falsi genus vel fallax etiam
vel mendax est. Nam fallax id recte dicitur,
quod habet quendam fallendi appetitum; qui
sine anima intelligi non potest; sed partim ratione fit, partim natura; ratione in animalibus
rationalibus ut in homine; natura in bestiis tamquam in vulpecula. Illud autem, quod mendax
voco, a mentientibus fit. Qui hoc differunt a
fallacibus, quod omnis fallax appetit fallere; non
autem omnis vult fallere, qui mentitur; nam et
mimi et comoediae et multa poemata menda-
ciorum plena sunt delectandi potius quam fallendi voluntate et omnes fere, qui iocantur, men-
tiuntur. Sed fallax vel fallens is recte dicitur,
cuius negotium est, ut quisque fallatur. Illi
autem, qui non id agunt, ut decipiant, sed tamen
aliquid fingunt, vel mendaces tantum vel, si ne
hoc quidem, mentientes tamen vocari nemo ambigit; nisi quid habes, adversus ista quod dicas.

Augustinus: Perge, quaeso; nunc enim 17
fortasse de falsis non falsa docere coepisti; sed

Kapitel 9

16. **Vernunft:** Und doch; paß mal gut auf! Ich kann es gar nicht über mich bringen zu glauben, wir hätten vergebens die Hilfe Gottes erfleht. Nachdem wir alle möglichen Untersuchungen angestellt haben, ist nur die eine Möglichkeit geblieben, das mit Recht als falsch zu bezeichnen, was ein Bild von dem vortäuscht, was es nicht ist, oder kurz gesagt, das Sein beansprucht, ohne überhaupt zu existieren. Im ersten Falle beruht das Falsche auf bewußter Täuschung oder bloßem „Fabulieren". Denn man spricht mit Recht von Täuschung, wenn das Verlangen vorliegt zu täuschen, was notwendigerweise eine Seele voraussetzt. Es entspringt teils der bewußten Überlegung und teils einem Naturtrieb; der Überlegung bei vernunftbegabten Lebewesen, wie beim Menschen; einem Naturtrieb bei den Tieren, wie z. B. beim Fuchs. Was ich aber „Fabulieren" nenne, kommt von solchen, die eine falsche Darstellung geben. Zwischen ihnen und den Täuschenden klafft ein Unterschied: Jeder Täuschende hat das Bestreben zu täuschen, aber nicht jeder, der fabuliert, hat die Absicht zu täuschen. Denn auch Possen, Theaterstücke und viele Dichtungen stellen oft genug Fabeln dar. Sie haben mehr die Absicht, Vergnügen zu machen als zu täuschen. In der Regel „fabulieren" auch alle, die Witze machen. Aber man spricht mit Recht von Falschheit und Täuschung, wenn einer es sich zur Aufgabe macht, jemanden zu Fall zu bringen. Die aber nicht auf eine Täuschung ausgehen, sondern nur irgendwie „fabulieren", nennt man allgemein und unbedenklich nur Faselhänse, und man sagt auch nur, sie „spinnen". Oder hast du etwas dagegen einzuwenden?

17. **Augustinus:** Nur weiter, bitte! Denn jetzt bist du wohl auf dem besten Wege, über das Falsche

iam illud genus exspecto, quale sit, quod dixisti: esse tendit et non est.

R: Quidni exspectas? Eadem illa sunt, quorum multa supra memoravimus. Annon tibi videtur imago tua de speculo quasi tu ipse velle esse sed ideo esse falsa, quod non est?

A: Valde hoc videtur.

R· Quid omnis pictura vel cuiuscemodi simulacrum et id genus omnia opificum? Nonne illud esse contendunt, ad cuius quidque similitudinem factum est?

A: Prorsus adducor.

R: Iam ea, quibus vel dormientes vel furentes falluntur, concedis, ut opinor, in eo esse genere.

A: Et nulla magis; nam nulla magis tendunt talia esse, qualia vel vigilantes vel sani cernunt; et eo tamen falsa sunt, quo id, quod tendunt, esse non possunt.

R: Quid iam de turrium motu vel de merso remo vel de umbris corporum plura dicam? Planum est, ut arbitror, ex hac regula esse metienda.

A: Planissimum.

R: Taceo de caeteris sensibus; nam nemo considerans non hoc inveniet falsum appellari in

nichts Falsches vorzutragen. Aber ich bin gespannt, wie das aussieht, von dem du sagst, es mache Anspruch auf das Sein, ohne wirklich zu sein.

V: Du kannst es also nicht erwarten. Es ist dasselbe, wovon wir weiter oben viele Beispiele angeführt haben. Kommt es dir nicht so vor, als ob dein Bild im Spiegel dich selbst mit Leib und Seele darstellen will? Mußt du es nicht deshalb für falsch halten, weil das nicht der Fall ist?

A: Ich bin ganz der Ansicht.

V: So verhält es sich auch bei jedem Gemälde oder derartigen Bildnis und allen Darstellungen aus Künstlerhand. Zeigen sie nicht das Bestreben, das selbst zu sein, nach dessen Bild und Gleichnis sie geschaffen sind?

A: Ganz bestimmt.

V: Schließlich gehören auch wohl die Bilder, die uns im Schlafe oder Irre in ihren Wahnvorstellungen täuschen, zu dieser Kategorie, wie du zugeben mußt.

A: Nichts mehr als sie; denn nichts zeigt ein größeres Bestreben als sie, wirkliche Dinge darzustellen, wie man sie in wachem Zustande und bei vollem Gebrauche der Sinne wirklich sieht. Aber sie sind dennoch falsch, weil sie das nicht sein können, wonach sie streben.

V: Was soll ich noch weiter eingehen auf die Bewegung der hohen Bauten, auf die Brechung des eingetauchten Ruders oder die Schattenbilder der körperhaften Dinge? Sie sind wohl offensichtlich nach diesem Maßstabe zu bewerten.

A: Selbstverständlich.

V: Die übrigen Sinne übergehe ich; denn jeder wird bei einigem Nachdenken finden, daß wir unter den

rebus ipsis, quas sentimus, quod esse aliquid tendit et non est.

Caput X

Augustinus: Recte dicis; sed miror, cur ab hoc genere tibi secernenda illa poemata et ioca visa sunt caeteraeque fallaciae.

Ratio: Quia scilicet aliud est falsum esse velle, aliud verum esse non posse. Itaque ipsa opera hominum velut comoedias aut tragoedias aut mimos et id genus alia possumus operibus pictorum fictorumque coniungere. Tam enim verus esse pictus homo non potest, quamvis in speciem hominis tendat, quam illa, quae scripta sunt in libris comicorum. Neque enim falsa esse volunt aut ullo appetitu suo falsa sunt sed quadam necessitate, quantum fingentis arbitrium sequi potuerunt. At vero in scena Roscius voluntate falsa Hecuba erat, natura verus homo; sed illa voluntate etiam verus tragoedus, eo videlicet quo implebat institutum; falsus autem Priamus, eo quod Priamum assimilabat sed ipse non erat. Ex quo iam nascitur quiddam mirabile, quod tamen ita se habere nemo ambigit.

A: Quidnam id est?

R: Quid putas nisi haec omnia inde esse in quibusdam vera, unde in quibusdam falsa sunt, et ad suum verum hoc solum eis prodesse, quod

sinnfälligen Dingen das falsch nennen, was nach irgendeinem Sein strebt und es nicht hat.

Kapitel 10

18. Augustinus: Du hast recht; aber das möchte ich gerne wissen, weshalb du geglaubt hast, Dichtungen, scherzhafte Witze und andre Ausgeburten der Phantasie ausscheiden zu müssen.

Vernunft: Doch wohl, weil es etwas anderes ist, vorsätzlich falsch zu sein und unmöglich wahr sein. Daher können wir künstlerische Leistungen von Menschen wie Lustspiele, Trauerspiele, Possen und sonstiges Komödiantentum einreihen bei den Werken der Maler und Bildhauer. Ein Mensch auf der Leinwand kann nicht in höherem Grade ein wirklicher Mensch sein, wie naturgetreu er auch sein mag, als wie die Feder der Bühnendichter ihn dargestellt hat. Denn sie haben nicht den Willen, falsch zu sein, und sind auch nicht in irgendeiner Absicht falsch, sondern sie sind eine ganz natürliche Ausgeburt der künstlerischen Phantasie. So war doch Roscius auf der Bühne nach seinem eigenen Willen eine falsche Hekuba, aber nach seiner natürlichen Beschaffenheit ein richtiger Mann; nach demselben Willen war er auch ein richtiger Tragöde, freilich dadurch, wie er die selbstgewählte Rolle spielte. Er war ein falscher Priamus, dadurch daß er den Priamus ähnlich darstellte, ohne es zu sein. Daraus ergibt sich ein auffallender Schluß, dessen Gültigkeit jedoch niemand bezweifeln kann.

A: Und der lautet?

V: Doch wohl so: All diese Dinge sind nur in der Hinsicht teilweise wahr, wie sie teilweise falsch sind, und das allein trägt dazu bei, sie wahr zu machen, was

ad aliud falsa sunt? Unde ad id, quod esse aut volunt aut debent, nullo modo perveniunt, si falsa esse fugiunt. Quo pacto enim iste, quem commemoravi, verus tragoedus esset, si nollet esse falsus Hector, falsa Andromache, falsus Hercules et alia innumera? Aut unde vera pictura esset, si falsus equus non esset? Unde in speculo vera hominis imago, si non falsus homo? Quare si quibusdam, ut verum aliquid sint, prodest, ut sint aliquid falsum, cur tantopere falsitates formidamus et pro magno bono appetimus veritatem?

A: Nescio et multum miror, nisi quia in exemplis istis nihil imitatione dignum video. Non enim tamquam histriones aut de speculis quaeque relucentia aut tamquam Myronis buculae ex aere ita etiam nos, ut in nostro quodam habitu veri simus, ad alienum habitum adumbrati atque assimilati et ob hoc falsi esse debemus sed illud verum quaerere, quod non quasi bifronte ratione sibique adversanti, ut ex aliqua parte verum sit, ex aliqua falsum sit.

R: Magna et divina quaedam requiris. Quae tamen si invenerimus, nonne fatebimur his ipsam confici et quasi conflari veritatem, a qua denominatur omne, quod verum quoquo modo nominatur.

A: Non invitus assentior.

in anderer Hinsicht falsch ist. Daher gelingt es ihnen gar nicht, das zu erreichen, was sie sein wollen und müssen, wenn sie davor zurückschrecken, falsch zu sein. Wie könnte denn sonst der erwähnte Tragöde ein wahrer Tragöde sein, wenn er nicht ein falscher Hektor, eine falsche Andromache, ein falscher Herkules und noch, weiß Gott was alles gewesen wäre? Wie könnte ein Gemälde wahr sein, wenn das Pferd darauf nicht falsch wäre? Wie könnte das Spiegelbild eines Menschen wahr sein, wenn es kein gefälschter Mensch wäre? Wenn es also bei bestimmten Dingen von Nutzen ist, wenn sie irgendwie falsch sind, damit sie irgendwie wahr sein können, warum fürchten wir uns so vor allem Falschen und verlangen wir so sehr nach der Wahrheit als einem so großen Gute?

A: Ich weiß es nicht, und ich muß mich wundern. Aber das kommt vielleicht daher, weil ich an diesen Beispielen nichts Beispielhaftes zur Nachahmung sehe. Denn nicht wie Schauspieler oder irgendwelche Spiegelbilder oder wie die Rinder des Myro aus Erz dürfen wir, um in unserer Haltung wahr zu erscheinen, wesenlos die Haltung Fremder nachäffen und deshalb falsch sein; wir müssen vielmehr jenes Wahre suchen, das nicht mit einer Art janusköpfiger und sich widerstreitender Vernunft danach trachtet, in einer Hinsicht wahr, in der anderen falsch zu sein.

V: Groß und geradezu göttlich ist das, was du suchst. Wenn wir es jedoch finden sollten, müssen wir dann nicht eingestehen, daß hierdurch eine vollendete Verschmelzung mit der Wahrheit erfolgt, deren Name allem, was irgendwie als wahr bezeichnet wird, dieses Prädikat zuerkennt?

A· Von Herzen gern stimme ich dir zu.

Caput XI

Ratio: Quid tibi ergo videtur? Disciplina disputandi verane an falsa est?

Augustinus: Quis dubitet veram? Sed vera est etiam grammatica.

R: Itane ut illa?

A: Non video, quid sit vero verius.

R: Illud profecto, quod nihil falsi habet; quod intuens paulo ante offendebare ex iis rebus, quae nescio quomodo nisi falsae essent, verae esse non possent. An ignoras omnia illa fabulosa et aperte falsa ad grammaticam pertinere?

A: Non ignoro istud quidem, sed, ut opinor, non per grammaticam falsa sunt sed per eam, qualiacumque sunt, demonstrantur, siquidem est fabula compositum ad utilitatem delectationemque mendacium. Est autem grammatica vocis articulatae custos et moderatrix disciplina, cuius professionis necessitate cogitur humanae linguae omnia etiam figmenta colligere, quae memoriae litterisque mandata sunt, non ea falsa faciens sed de his veram quandam docens asserensque rationem.

R: Recte sane. Nihil nunc curo, utrum abs te ista bene definita atque distincta sint, sed illud quaero, utrum hoc ita esse ipsa grammatica an vero illa disciplina disputationis ostendet.

A: Non nego vim peritiamque definiendi, qua nunc ego ista separare conatus sum, disputatoriae arti tribui.

Zweites Buch

Kapitel 11

19. **Vernunft**: Was hältst du davon? Ist die Dialektik wahr oder falsch?

Augustinus: Wer könnte an ihrer Wahrheit zweifeln? Aber auch die Grammatik ist wahr.

V: So wie jene?

A: Ich sehe nicht, was wahrer als wahr sein könnte.

V: Sicher das, was nichts Falsches an sich hat. In dieser Hinsicht nahmst du vor kurzem Anstoß an den Dingen, die leider falsch sein müssen, um wahr zu sein. Du weißt doch recht gut, daß all diese Fabeln und offenkundige Dichtungen zum Lehrstoff der Grammatik gehören.

A: Ich weiß das recht gut; aber nach meiner Meinung macht nicht die Grammatik sie falsch, sie trägt sie ganz so vor, wie sie sind. Die Fabel ist ja erdichtet zu nützlicher Belehrung und angenehmer Unterhaltung. Die Grammatik aber überwacht und lenkt als Wissenschaft eine verständliche Ausdrucksweise. In der Ausübung ihres Berufs sieht sie sich gezwungen, alle Erzeugnisse der menschlichen Sprache, auch Werke der dichterischen Phantasie zu sammeln, soweit sie mündlich oder schriftlich überliefert sind. Sie erdichtet dieses Falsche nicht selbst, sondern benutzt es, um an seiner Hand irgendwelche Erkenntnisse des Wahren zu vermitteln und zur Geltung zu bringen.

V: Ganz recht. Ich will jetzt nicht darauf eingehen, ob deine Definition hiervon richtig und scharf ist; ich frage vielmehr danach, ob gerade die Grammatik oder aber die Dialektik dir zeigt, daß das der Fall ist.

A: Ich gestehe gerne, daß die wissenschaftliche Geltungskraft bei Begriffbestimmungen, mit der ich ja auch soeben eine Scheidung der beiden Begriffe versucht habe, auf das Konto der Dialektik zu buchen ist.

R: Quid ipsa grammatica? Nonne si vera est, 20
eo vera est, quo disciplina est? Disciplina enim
a discendo dicta est. Nemo autem, quae didicit
ac tenet, nescire dici potest; et nemo scit falsa.
Omnis ergo vera est disciplina.

A: Non video quidem, quid in ista ratiuncula
temere concedatur. Movet me tamen, ne per
istam cuipiam videatur etiam illas fabulas veras
esse; nam et has discimus et tenemus.

R: Numquidnam magister noster nolebat nos
credere, quae docebat, et nosse?

A: Imo vehementer, ut nossemus, instabat.

R: Numquid aliquando institit, ut Daedalum
volasse crederemus?

A: Hoc quidem nunquam; sed plane nisi teneremus fabulam, vix nos posse aliquid manibus teneremus faciebat.

R: Tu ergo negas verum esse, quod ista fabula
sit et quod ita sit Daedalus diffamatus?

A: Hoc non nego verum esse.

R: Non negas ergo te didicisse verum, cum
ista didiceris. Nam si volasse Daedalum verum
est et hoc pueri pro ficta fabula acciperent atque
redderent, eo ipso falsa retinerent, quo vera
essent illa, quae redderent. Hinc enim exstitit

20. V: Wie ist es nun bei der Grammatik? Wenn sie wahr ist, ist sie dann nicht insofern wahr, wie sie eine wissenschaftliche Disziplin ist. Disziplin kommt doch von discere (lernen). Man kann aber von niemand sagen, er wüßte das nicht, was er gelernt hat und begreift; und niemand weiß Falsches. Also ist jede Wissenschaft wahr.

A: Ich sehe zwar nicht recht, worin bei dieser kurzen Schlußfolgerung eine Gewagtheit liegt; aber ich habe doch den unangenehmen Eindruck, es könnte einer so einfältig sein, auch diese Fabeln für wahr zu halten; denn auch sie lernen und behalten wir ja.

V: Wollte etwa unser Lehrer nicht, wir sollten das, was er vortrug, glauben und wissen?

A: Im Gegenteil, er legte den größten Wert auf unser Wissen.

V: Bestand er je darauf, wir sollten glauben, Dädalus sei wirklich geflogen?

A: Nie und nimmer. Aber wenn wir die Fabel nicht bis aufs Wort behalten konnten, bearbeitete er unsere Hände derart, daß wir in ihnen nichts mehr halten konnten.

V: Du leugnest also die Tatsache, daß es eine Fabel ist und daß Dädalus dadurch so berühmt geworden ist?

A: Nein, die Tatsache leugne ich nicht.

V: Du kannst also auch nicht leugnen, daß du etwas Wahres gelernt hast, als du sie gelernt hast. Denn wenn es wahr wäre, daß Dädalus geflogen ist, und wenn die Schüler diese Tatsache als eine erfundene Fabel hinnähmen und wiedergäben, so würden sie gerade deshalb etwas Falsches wissen, weil das wahr

illud, quod superius mirabamur, de volatu Daedali veram fabulam esse non potuisse, nisi Daedalum volasse falsum esset.

A: Iam teneo istud; sed quid ex eo proficiamus, exspecto.

R: Quid, nisi non esse falsam illam rationem, qua collegimus disciplinam, nisi vera doceat, disciplinam esse non posse?

A: Et hoc quid ad rem?

R: Quia volo dicas mihi, unde sit disciplina grammatica; inde enim vera est, unde disciplina est.

A: Nescio, quid tibi respondeam.

R: Nonne tibi videtur, si nihil in ea definitum esset et nihil in genera et partes distributum atque distinctum, eam nullo modo disciplinam esse potuisse.

A: Iam intelligo, quid dicas; nec ulla mihi occurrit cuiusvis facies disciplinae, in qua non definitiones ac divisiones et ratiocinationes, dum, quid quidque sit, declaratur, dum sine confusione partium sua cuique redduntur, dum nihil praetermittitur proprium, nihil annumeratur alienum, totum hoc ipsum, quo disciplina dicitur, egerint.

R: Ergo et totum ipsum, quo vera dicitur.

A: Video consequi.

wäre, was sie wiedergäben. Daraus ergibt sich der Schluß, der schon weiter oben unser Befremden erregte, nämlich: Die Fabel vom Fluge des Dädalus kann nur wahr sein, wenn es falsch ist, daß Dädalus geflogen ist.

A: Ich verstehe jetzt; aber ich sehe nicht recht, welche Lehre wir daraus ziehen können.

V: Doch wohl die, daß unsere Auffassung, was wir unter Wissenschaft verstehen, nicht falsch ist: Sie kann nur Wissenschaft sein, wenn sie Wahres lehrt.

A: Und wozu kann das uns hier dienen?

V: Ich will von dir wissen, was die Grammatik zu einer Wissenschaft macht; denn sie ist insoweit wahr, wie sie Wissenschaft ist.

A: Ich weiß keine Antwort darauf.

V: Bist du nicht der Ansicht: wenn es in der Grammatik keine Begriffsbestimmungen gäbe und keine genaue Einteilung und Unterscheidung von Arten und Stufen, könnte sie keineswegs eine Wissenschaft sein?

A: Jetzt verstehe ich, was du sagen willst: Ich kann in irgendeiner Wissenschaft Umschau halten, ich finde keine, in der es keine Definitionen, Aufteilungen, Schlußfolgerungen gäbe. Jedes Einzelne wird begrifflich bestimmt, jedem wird durch genaue Abgrenzung der einzelnen Teile das Seine zugewiesen, keine Besonderheit wird übergangen, nichts wird einem Teile zugesprochen, was nicht dahin gehört. Gerade dieses Verfahren verdient die Bezeichnung Wissenschaft.

V: Also auch gerade all das, was ihr den Titel der Wahrheit verleiht.

A: Der Schluß leuchtet mir ein.

R: Responde nunc, quae disciplina contineat 21 definitionum, divisionum partitionumque rationes!

A: Iam superius dictum est haec disputandi regulis contineri.

R: Grammatica igitur eadem arte creata est ut disciplina et, ut vera esset, quae est abs te superius a falsitate defensa. Quod non de una grammatica mihi licet concludere sed prorsus de omnibus disciplinis. Nam dixisti vereque dixisti nullam disciplinam tibi occurrere, in qua non definiendi ius atque distribuendi id ipsum, ut disciplina sit, fecerit. At si eo verae sunt, quo sunt disciplinae, negabitne quispiam veritatem ipsam esse, per quam omnes verae sunt disciplinae?

A: Prope est omnino, ut assentiar; sed illud me movet, quod etiam rationem disputandi inter easdem disciplinas numeramus. Quare illam potius existimo esse veritatem, quam et ista ipsa ratio vera est.

R: Optime omnino ac vigilantissime; sed non negas, ut opinor, eo veram esse, quo disciplina est.

A: Imo id ipsum est, quod me movet. Adverti enim etiam disciplinam esse et ob hoc veram dici.

R: Quid ergo? istam putas aliter disciplinam esse potuisse, nisi omnia in ea definita essent et distributa?

A: Nihil aliud habeo, quod dicam.

21. V: Sag mir jetzt, welche Wissenschaft beobachtet nach ihrem Wesen die Gesetzmäßigkeit von Definitionen, Schlußfolgerungen und Gliederungen?

A: Wie oben bemerkt, geschieht das durch die Grundsätze der Dialektik.

V: Die Grammatik ist also Wissenschaft und, um wahr zu sein, aus demselben logischen Verfahren hervorgegangen, das du oben gegen die Falschheit verteidigt hast. Diesen Schluß brauche ich nicht etwa auf die Grammatik zu beschränken, er gilt vielmehr überhaupt für jede Wissenschaft. Du hast behauptet, und das mit Recht, du kenntest keine Wissenschaft, die nicht durch die zwingende Gewalt der Definition und Einteilung ihre Geltung als Wissenschaft erhielte. Aber wenn sie insofern wahr sind, wie sie Wissenschaften sind, wird da einer leugnen können, daß die Wahrheit die Mutter ist, von der die Wahrheit jeder Wissenschaft kommt?

A: Ich bin ganz nahe daran, dir zuzustimmen; aber das gibt mir noch zu denken, daß wir auch die Dialektik zu diesen Wissenschaften zählen. Daher neige ich mehr dazu, ihr selbst die Wahrheit zuzusprechen als der Methode, die ja auch selbst wahr ist.

V: Ganz recht; du bist arg auf deiner Hut. Aber du streitest es mir wohl nicht ab, daß die Dialektik dadurch wahr ist, daß sie Wissenschaft ist?

A: Im Gegenteil. Das ist es ja gerade, worüber ich mir Gedanken mache. Ich habe gesehen, daß auch sie eine Wissenschaft ist und deshalb wahr genannt wird.

V: Nun gut; könnte sie wohl eine Wissenschaft sein, wenn nicht alles in ihr genau bestimmt und logisch geordnet wäre?

A: Ich habe nichts mehr dagegen einzuwenden.

R: At, si ad eam pertinet hoc officium, per se ipsam disciplina vera est. Quisquamne igitur mirum putabit, si ea, qua vera sunt omnia, per se ipsa et in se ipsa vera sit veritas?

A: Nihil mihi obstat, quominus recta pergam in istam sententiam.

Caput XII

Ratio: Ergo attende pauca, quae restant!

Augustinus: Profer, si quid habes, modo tale sit, quod intelligam libenterque concedam!

R: Esse aliquid in aliquo non nos fugit duobus modis dici: uno, quo ita est, ut etiam seiungi atque alibi esse possit, ut hoc lignum in hoc loco, ut sol in oriente; altero autem, quo ita est aliquid in subiecto, ut ab eo nequeat separari, ut in hoc ligno forma et species, quam videmus, ut in sole lux, ut in igne calor, ut in animo disciplina et si qua sunt alia similia. An tibi aliter videtur?

A: Ista quidem vetustissima sunt nobis et ab ineunte adolescentia studiosissime percepta et cognita; quare non possum de his interrogatus, quin ea sine ulla deliberatione concedam.

R: Quid illud? Nonne concedis, quod in subiecto est inseparabiliter, si subiectum ipsum non maneat, manere non posse?

A: Hoc quoque video necessarium; nam manente subiecto posse id, quod in subiecto est, non

V: Aber wenn das ihre besondere Aufgabe ist, so ist sie aus sich selbst eine wahre Wissenschaft. Wie könnte es also jemand für seltsam halten, wenn sie, wodurch alles wahr ist, aus sich selbst und in sich selbst die wahre Wahrheit ist?

A: Es steht mir nichts mehr im Wege, dieser Ansicht unbeirrt beizutreten.

Kapitel 12

22. Vernunft: Paß also auf; wir sind bald zu Ende.

Augustinus: Heraus mit allem, was du zu sagen hast! Es muß aber so sein, daß ich es fassen kann und gerne zustimme.

V: Wenn man sagt, eine Sache sei in einer anderen, so kann das offenbar zweierlei bedeuten: Erstens, es ist so darin, daß man es auch trennen und es anderswo sein kann, z. B. dieses Holz an dieser Stelle, die Sonne im Osten; zweitens, es ist untrennbar an einem Gegenstande, z. B. die besondere Form und Art, die wir an einem Stück Holz sehen, in der Sonne das Licht, im Feuer die Wärme, im Geiste das Wissen und in allen ähnlichen Fällen. Oder bist du anderer Ansicht?

A: Das sind ja ganz alte Erkenntnisse, die ich mir schon in jungen Jahren mit dem größten Eifer und Fleiß angeeignet habe; weshalb sollte ich diese Frage also nicht unbedenklich bejahen?

V: Dann gibst du auch wohl weiter zu, daß das, was untrennbar mit einem Gegenstand verbunden ist, nicht mehr weiterbestehen kann, wenn der Gegenstand selbst nicht mehr weiterbesteht?

A: Diese Folgerung ist zwingend. Wenn man die Dinge scharf unter die Lupe nimmt, sieht man sogar,

manere, quisquis diligenter res advertit, intelligit; siquidem huius corporis color potest vel valetudinis ratione vel aetate immutari, cum ipsum corpus necdum interierit. Et hoc non peraeque in omnibus valet sed in his, in quibus, non ut sint ipsa subiecta ea quae in subiectis sunt, coexistunt. Non enim ut sit iste paries, paries hoc colore fit, quem in eo videmus, cum etiam, si quo casu nigrescat aut albescat vel aliquem alium mutet colorem, nihilominus tamen maneat paries ac dicatur. At vero ignis, si calore careat, ne ignis quidem erit, nec nivem vocare nisi candidam possumus.

Caput XIII

Illud vero, quod interrogasti, quis concesserit aut cui posse fieri videatur, ut id, quod in subiecto est, maneat ipso intereunte subiecto? Monstruosum enim et a veritate alienissimum est, ut id, quod non esset, nisi in ipso esset, etiam cum ipsum non fuerit, possit esse.

Ratio: Illud igitur, quod quaerebamus, inventum est.

Augustinus: Quid narras?

R: Id quod audis.

A: Iamne ergo liquido constat animum esse immortalem?

daß selbst, wenn ein Gegenstand fortbesteht, das mit ihm Verbundene nicht mehr fortbestehen kann. So kann doch eine bestimmte Gesichtsfarbe je nach dem gesundheitlichen Befinden oder dem Lebensalter anders werden, ohne daß deshalb die Person zu Grunde geht. Das ist jedoch nicht bei allen Eigenheiten eines Gegenstandes in gleicher Weise der Fall, sondern nur bei denen, die den Gegenständen zwar anhaften, aber ihre Existenz nicht ausmachen. Denn eine bestimmte Farbe, die wir an einer Mauer sehen, bewirkt nicht, daß es eine Mauer ist; sie kann zufällig dunkler werden oder verblassen oder ihre Farbe vollständig ändern, sie bleibt auch dann noch trotzdem eine Mauer und behält diese Bezeichnung. Könnte aber das Feuer seine Wärme verlieren, dann wäre es kein Feuer mehr. Wir können etwas nicht mehr als Schnee ansprechen, wenn es nicht mindestens weiß ist.

Kapitel 13

23. Wo könnte einer in Bezug auf deine obige Frage zugeben oder es auch nur für möglich halten, daß das, was in einem Gegenstande ist, selbst dann weiterbesteht, wenn er zu Grunde gegangen ist? Es ist ganz ungeheuerlich und schlägt der Wahrheit ins Gesicht, daß das, was nur in einem Gegenstande Bestand haben kann, auch dann noch fortbestehen kann, wenn er selbst zu Grunde gegangen ist.

Vernunft: Gut, dann haben wir gefunden, was wir suchten.

Augustinus: Was erzählst du mir da?

V: Genau, was du hörst.

A: Sind wir so weit, daß die Unsterblichkeit der Seele unumstößlich feststeht?

R: Si ea, quae concessisti, vera sint, liquidissime, nisi forte animum dicis, etiamsi moriatur, animum esse.

A: Nunquam equidem hoc dixerim, sed eo ipso quo interit fieri, ut animus non sit, dico. Nec me ab hac sententia revocat, quod a magnis philosophis dictum est eam rem, quae, quocumque venerit, vitam praestat, mortem in se admittere non posse. Quamvis enim lumen, quocumque intrare potuerit, faciat id lucere tenebrasque in se propter memorabilem illam vim contrariorum non possit admittere, tamen exstinguitur locusque ille exstincto lumine tenebratur. Ita illud, quod tenebris resistebat, neque ullo modo in se tenebras admisit et sic eis intereundo locum fecit, ut poterat etiam discedendo. Itaque timeo, ne mors ita contingat corpori ut tenebrae loco aliquando discedente animo ut lumine, aliquando autem ibidem exstincto, ut iam non de omni morte corporis securitas sit, sed aliquod genus mortis sit optandum, quo anima ex corpore incolumis educatur perducaturque ad locum, si est ullus talis locus, ubi non possit exstingui. Aut si ne hoc quidem potest atque in ipso corpore anima quasi lumen accenditur nec alibi potest durare omnisque mors est exstinctio quaedam animae in corpore vel vitae, aliquod genus eligendum est, quantum homo sinitur, quo id ipsum, quod vivitur, cum securitate ac tranquillitate vivatur, quamquam nescio quo-

V: Wenn deine Prämissen wahr sind, ist es sonnenklar. Du müßtest denn behaupten wollen, die Seele sei noch eine Seele, selbst wenn sie stirbt.

A: Es würde mir nie einfallen, so etwas zu sagen. Ich sage vielmehr, daß sie durch die Tatsache, daß sie untergeht, keine Seele mehr ist. Von dieser Meinung kann mich auch die Versicherung großer Philosophen nicht abbringen, daß ein Wesen, das überall, wo es auftritt, Leben gewährt, dem Tode nicht unterworfen sein könne. Auch das Licht kann alles hell machen, zu dem es gelangt; es ist unvereinbar mit jeder Finsternis nach dem berühmten Gesetz der Gegensätze. Aber dennoch geht es aus, und der Ort, den es erhellte, versinkt in der Finsternis. Es setzte sich zwar zur Wehr gegen die Finsternis und verwehrte ihr jeden Zugang, aber beim Ausgehen räumte es ihr das Feld, wie es auch der Fall gewesen wäre bei einer Entfernung des Lichtes. Daher befürchte ich, daß der Tod dasselbe zur Folge hat für den Körper, wie die Finsternis für einen Raum. Die Seele kann sich etwa von ihm entfernen oder mit ihm zu Grunde gehen. Wir wären dann ganz im unklaren wegen des gänzlichen Todes des Körpers. Man müßte eine andere Art des Todes wünschen, wo die Seele mit ihrer ganzen Lebenskraft den Körper verläßt und einen Ort aufsucht, wenn es einen solchen gibt, wo sie nicht das Leben verlieren kann. Oder wenn auch das nicht möglich ist und die Seele eine Art Licht ist, das in dem Körper aufglüht und nicht sonstwo fortbestehen kann, wenn jeder Tod eine Art Erlöschen der Seele oder des Lebens im Körper ist, dann muß man eine andere Art des Lebens wählen, wo — soweit man dabei noch Mensch sein kann —, das, was man lebt und erlebt, sich in gesicherter Ruhe vollzieht. Aber leider

modo istud possit fieri, si anima moritur. O multum beatos, quibus sive ab ipsis sive abs quolibet non esse metuendam mortem, etiamsi anima intereat, persuasum est! At mihi misero nullae adhuc rationes, nulli libri persuadere potuerunt.

R· Noli gemere, immortalis est animus humanus.

A: Unde hoc probas?

R: Ex iis, quae cum magna cautione, ut arbitror, superius concessisti.

A: Nihil quidem me minus vigilanter interroganti tibi memini dedisse; sed collige iam ipsam summam, oro te! Videamus, quo tantis ambagibus pervenerimus, nec me iam interroges volo. Si enim ea breviter enumeraturus es, quae concessi, quonam rursus responsio mea desideratur? An ut moras gaudiorum mihi frustra inferas, si quid boni forte confecimus?

R: Faciam, quod te velle video, sed attende diligentissime!

A: Loquere iam, hic sum! Quid enecas?

R: Omne quod in subiecto est, si semper manet, ipsum etiam subiectum maneat semper necesse est. Et omnis in subiecto est animo disciplina. Necesse est igitur, semper ut animus maneat, si semper manet disciplina. Est autem disciplina veritas et semper, ut in initio libri huius ratio persuasit, veritas manet. Semper igitur animus manet nec animus mortuus dicitur. Immortalem

ist das nicht möglich, wenn die Seele stirbt. O ihr Überglücklichen, die ihr aus euch selbst oder von anderen her die Überzeugung habt, man brauche den Tod nicht zu fürchten, selbst wenn die Seele zu Grunde geht. Aber mich hat in meinem Elend kein Vernunftgrund, kein Buch dahin bringen können.

24. V: Laß das Klagen! Die menschliche Seele ist unsterblich.

A: Wie willst du das beweisen?

V: Aus dem, was du weiter oben, wie ich glaube, mit großer Vorsicht als wahr hast gelten lassen.

A: Soweit ich mich erinnere, habe ich keine deiner Fragen nicht vorsichtig genug beantwortet. Aber faß, bitte, das Ganze jetzt zusammen! Wir wollen sehen, wohin uns die langen Umwege geführt haben; frage mich, bitte, nicht mehr! Wenn du das nur kurz aufzählen willst, was ich als wahr habe gelten lassen, wozu sollte dann eine weitere Antwort erwünscht sein? Vielleicht um Pausen eintreten zu lassen, in denen ich vergeblich meine Freude äußere, wenn wir vielleicht ein gutes Teilergebnis erzielt haben?

V: Ich will tun, was ich dir an den Augen ablese; gib aber gut acht!

A: Sprich doch, ich bin zur Stelle! Was quälst du mich so?

V: Wenn alle Eigenheiten eines Subjektes fortbestehen, so muß auch das Subjekt immer fortbestehen. Nun ist jede Wissenschaft in der Seele als ihrem Subjekt. Die Seele muß also immer fortbestehen, wenn die Wissenschaft fortbesteht. Das Wissen ist aber Wahrheit, und Wahrheit hat ewigen Fortbestand, wie die Vernunft im Anfange dieser Abhandlung überzeugend nachgewiesen hat. Daher besteht die Seele ewig weiter,

igitur animum solus non absurde negat, qui superiorum aliquid non recte concessum esse convincit.

Caput XIV

Augustinus: Iam me volo in gaudia mittere, sed duabus aliquantum revocor causis. Nam primum me movet, quod circuitu tanto usi sumus nescio quam ratiocinationum catenam sequentes, cum tam breviter totum, de quo agebatur, demonstrari potuerit, quam nunc demonstratum est. Quare me sollicitum facit, quod tam diu quasi ad insidiandum obambulavit oratio. Deinde non video, quomodo in animo semper sit disciplina praesertim disputandi, cum et tam pauci eius gnari sint, et quisquis eam novit, tanto ab infantia tempore fuerit indoctus. Non enim possumus dicere aut imperitorum animos non esse animos aut esse in animo eam, quam nesciant, disciplinam. Quod si vehementer absurdum est, restat, ut aut non semper in animo sit veritas aut disciplina illa veritas non sit. 25

Ratio: Vides, quam non frustra tantos circuitus egerit nostra ratiocinatio. Quaerebamus enim, quid sit veritas, quod ne nunc quidem in hac quadam silva rerum omnibus pene callibus oberratis video nos investigare potuisse. Sed 26

und von einem Tode der Seele kann keine Rede sein. Die Unsterblichkeit der Seele kann also nur der ohne große Torheit leugnen, der überzeugend nachweist, daß in den Prämissen irgendeine falsche Annahme steckt.

Kapitel 14

25. **Augustinus**: Fast wäre ich geneigt, meiner Freude die Zügel schießen zu lassen; aber zwei Bedenken halten mich noch zurück. Zuerst kann ich das Befremden darüber nicht loswerden, daß wir einen so weiten Umweg nötig hatten, indem wir eine Art Labyrinth von Gedankengängen durchliefen, wo das ganze Problem doch so kurz hätte gelöst werden können, wie es jetzt geschehen ist. Daher beunruhigt es mich, daß deine Ausführungen so lange hin und her gegangen sind, wie um mir Fallen zu stellen. Und weiter sehe ich nicht, wie die Wissenschaft, besonders die Dialektik, immer in der Seele sein soll, da nur so wenige damit vertraut sind und da auch selbst diese es von frühester Jugend an so lange Zeit nicht waren. Man kann jedoch unmöglich behaupten, die Seelen der Unwissenden seien keine Seelen oder sie besäßen in der Seele ein Wissen, von dem sie keine Kenntnis hätten. Weil das doch ganz widersinnig ist, bleibt uns nur die Annahme übrig, die Wahrheit sei nicht immer in der Seele oder jenes Wissen sei keine Wahrheit.

26. **Vernunft**: Es wird dir jetzt klar, wie zweckmäßig es war, daß unsere Untersuchung so weitschweifig gewesen ist. Wir suchten nämlich nach dem Wesen der Wahrheit; aber auch jetzt kann ich noch nicht sehen, daß wir es gefunden haben bei der Fülle von Dingen, wo man vor lauter Bäumen den Wald nicht sieht, in dem wir auf fast allen Pfaden umhergeirrt

quid facimus? An incoepta omittimus et exspectamus ecquid nobis librorum alienorum in manus incidat, quod huic quaestioni satisfaciat? Nam et multos ante nostram aetatem scriptos esse arbitror, quos non legimus; et nunc, ut nihil, quod nescimus, opinemur, manifestum habemus et carmine de hac re scribi et soluta oratione, et ab iis viris, quorum nec scripta latere nos possunt; et eorum ingenia talia novimus, ut nos in eorum litteris, quod volumus, inventuros desperare non possimus, praesertim cum hic ante oculos nostros sit ille, in quo ipsam eloquentiam, quam mortuam dolebamus, perfectam revixisse cognovimus. Illene nos sinet, cum scriptis suis vivendi modum docuerit, vivendi ignorare naturam?

A· Non arbitror equidem et multum inde spero sed unum doleo, quod vel erga se vel erga sapientiam studium nostrum non ei, ut volumus, valemus aperire. Nam profecto ille misereretur sitim nostram et exundaret multo citius quam nunc. Securus enim est, quod sibi iam totum de animae immortalitate persuasit, nec scit aliquos esse fortasse, qui huius ignorationis miseriam satis cognoverunt et quibus praesertim rogantibus non subvenire crudele sit. Ille autem alius novit quidem pro familiaritate ardorem nostrum, sed ita longe abest et ita nunc constituti sumus, ut vix ad eum vel epistolae mit-

sind. Aber was tun? Sollen wir vielleicht unser Vorhaben aufgeben und darauf warten, ob uns ein fremdes Buch in die Hände gerät, das uns eine befriedigende Antwort auf diese Frage gibt? Denn vor unserer Zeit sind wohl schon viele Schriften erschienen, die wir nicht gelesen haben. Und damit wir in unserer Unwissenheit nicht auf vage Vermutungen verfallen, ist offenbar auch in unseren Tagen dieses Thema in Poesie und Prosa behandelt worden, und aus der Feder von Männern, deren Schriften uns nicht verborgen bleiben können. Bei ihrer anerkannten Genialität dürfen wir zuversichtlich hoffen, in ihren Schriften die gewünschte Lösung zu finden. Und hier steht jener Mann lebendig vor uns, in dem gerade die vollendete Beredsamkeit, deren Absterben wir beklagten, offensichtlich wieder auferstanden ist. Da er uns in seinen Schriften „des Lebens ernstes Führen" gelehrt hat, wird er uns da im unklaren lassen über das Wesen des Lebens?

A: Das kann ich nicht gut glauben und erwarte viel von dieser Seite. Nur das eine schmerzt mich, daß wir ihm unsere Liebe für seine Person oder die Weisheit nicht so bezeugen können, wie wir es wünschen. Denn er hätte sicherlich Mitleid mit unserem Wissensdurste und würde seinen Quickborn viel schneller fließen lassen als jetzt. Er ist ja voll Sicherheitsgefühl, weil er bereits felsenfest überzeugt ist von der Unsterblichkeit der Seele, und er weiß gar nicht, daß es vielleicht einige gibt, die das Elend dieser Unsicherheit zur Genüge erfahren haben, und deren Bitten er seine Hilfe nicht versagen könnte, ohne herzlos zu sein. Es gibt aber einen anderen, der durch den trauten Verkehr unser heißes Bemühen kennt; aber er ist so weit weg, und wir sind kaum in der Lage, mit ihm auch nur brieflich zu verkehren.

tendae facultas sit. Quem credo iam otio Transalpino perfecisse carmen, quo mortis metus excantatus effugiat et antiqua glacie duratus animae stupor frigusque pellatur. Sed interim, dum ista proveniunt, quae in nostra potestate non sunt, nonne turpissimum est perire otium nostrum et totum ipsum animum ex incerto arbitrio pendere deligatum?

Caput XV

Ubi est, quod deum et rogavimus et rogamus, 27 ut nobis non divitias, non corporis voluptates, non populares suggestus atque honores sed animam nostram seque ipsum quaerentibus iter aperiat? Itane nos deseret aut a nobis deseretur?

Ratio: Alienissimum quidem ab ipso est, ut eos, qui talia desiderant, deserat; unde a nobis quoque alienum esse debet, ut tantum ducem deseramus. Quare, si placet, repetamus breviter, unde illa dua confecta sint aut semper manere veritatem aut veritatem esse disputandi rationem. Haec enim vacillare dixisti, quominus nos faciat totius rei summa securos. An potius illud quaeremus, quomodo esse possit imperito animo disciplina, quem non possumus non animum dicere? Hinc enim commotus videbare, ut de illis, quae concesseras, dubitare rursus necesse fuerit.

Aber er hat wohl in der Ruhe, die er jenseits der Alpen genießt, bereits den religiösen Gesang vollendet, durch den er ein für allemal die Furcht vor dem Tode durch Beschwörung gebannt und die Seele von der alten, eiskalten und starren Schicht des Firnes befreit hat. Aber während wir auf diese Hilfe warten, die nicht in unserer Macht liegt, ist es da nicht arg beschämend, daß unsere kostbare Zeit unbenutzt verstreichen und die Seele in der schwebenden Pein der Unsicherheit hangen und bangen soll?

Kapitel 15

27. Wir haben ja zu Gott gebetet und beten noch immer, nicht etwa um Geld und Gut, nicht um ein Leben in Saus und Braus, nicht um die Verhimmelung durch das Volk oder um hohe Ämter, sondern wir suchen unsere Seele und sonst nichts als ihn; aber wo bahnt er uns einen Weg? Will er uns so im Stiche lassen, oder sollen wir uns von ihm wenden?

Vernunft: Nein, das ist ihm ganz wesensfremd, daß er die im Stiche läßt, die solche Wünsche hegen. Daher dürfen auch wir nicht auf den Gedanken kommen, einen solchen Führer zu verlassen. So wollen wir denn mit deinem Einverständnis das Zustandekommen der beiden Schlußfolgerungen wiederholen: Die Wahrheit ist ewig, und die Dialektik ist Wahrheit. Denn wie du sagst, steht die Beweisführung auf zu schwachen Füßen, als daß uns das Endresultat gesichert sein könnte. Oder sollen wir zuerst untersuchen, wie das Wissen in der Seele eines Unwissenden sein kann, bei dem man doch eine richtige Seele voraussetzen muß? Diese Frage erregte anscheinend dein Bedenken, so daß wieder begründete Zweifel in dir aufstiegen, ob das auch wahr sei, was du hattest gelten lassen.

Augustinus: Imo discutiamus prius illa, deinde hoc, quale sit, videbimus. Ita enim, ut opinor, nulla controversia remanebit.

R: Ita fiat, sed adesto totus atque cautissimus! Scio enim, quid tibi eveniat attendenti, dum nimis pendes in conclusionem et, ut iam iamque inferatur, exspectas, ea quae interrogantur, non diligenter examinata concedis.

A: Verum fortasse dicis, sed enitar contra hoc genus morbi, quantum possum; modo iam tu incipe quaerere, ne superfluis immoremur.

R: Ex eo, quantum memini, veritatem non posse interire conclusimus, quod non solum, si totus mundus intereat, sed etiam si ipsa veritas, verum erit et mundum et veritatem interisse. Nihil autem verum sine veritate. Nullo modo igitur interit veritas.

A: Agnosco ista et multum miror, si falsa sunt.

R: Ergo illud alterum videamus.

A: Sine me paululum considerare, oro te, ne huc iterum turpiter redeam.

R: Ergone interisse veritatem verum non erit? Si non erit verum, non ergo interit. Si verum erit, unde post occasum veritatis verum erit, cum iam veritas nulla est?

Augustinus: Nein, wir wollen zuerst das weiter Zurückliegende prüfen und später sehen, wie es hiermit steht. Dann wird wohl kein strittiger Punkt mehr übrig bleiben.

V: So wollen wir es machen; aber sei ganz bei der Sache und wohl auf deiner Hut! Ich weiß nämlich, wie es dir geht in deiner gespannten Erwartung: Indem du allzuschnell zu einem Schlusse kommen willst und jeden Augenblick das Ergebnis erwartest, bejahst du ohne sorgfältige Prüfung, was ich frage und sage.

A: Kann wohl sein; aber ich will mich nach Kräften gegen diese Art Sucht zur Wehr setzen. Nur frisch los mit den Fragen! Überflüssige Dinge sollen uns nicht aufhalten.

28. V: Soviel ich mich erinnere, haben wir folgendermaßen bewiesen, daß die Wahrheit nicht untergeht: Wenn die ganze Welt, ja die Wahrheit selbst untergeht, ist es noch wahr, daß die Welt und die Wahrheit untergegangen sind. Nichts ist aber wahr ohne die Wahrheit. Also geht die Wahrheit nie und nimmer unter.

A: Ich muß das gelten lassen und müßte mich arg wundern, wenn es falsch ist.

V: Wir wollen also eine weitere Frage prüfen.

A: Laß mich, bitte, noch ein Weilchen überlegen, damit ich nicht zu meiner Beschämung wieder hierauf zurückkommen muß!

V: Entspricht also die Tatsache, daß die Wahrheit untergegangen ist, nicht der Wahrheit, dann geht sie also nicht zu Grunde. Ist es wahr, wie kann es dann nach dem Untergang der Wahrheit weiter wahr sein, da es dann ja keine Wahrheit mehr gibt?

A: Nihil habeo, quid plus cogitem atque considerem; perge ad aliud. Certe faciemus, quantum possumus, ut docti atque prudentes viri legant haec et nostram, si qua est, corrigant temeritatem; nam me nec modo nec aliquando arbitror, quid contra hoc dicatur posse invenire.

R: Numquidnam ergo dicitur veritas, nisi qua verum est, quidquid verum est?

A: Nullo modo.

R: Numquidnam recte dicitur verum, nisi quod non est falsum?

A: Hinc vero dubitare dementia est.

R: Num falsum non est, quod ad similitudinem alicuius accommodatum est neque id tamen est, cuius simile apparet?

A: Nihil quidem aliud video, quod libentius falsum vocem; sed tamen solet falsum dici, etiam quod a veri similitudine longe abest.

R: Quis negat; sed tamen quod habeat ad verum nonnullam imitationem.

A: Quomodo? Non enim cum dicitur iunctis alitibus anguibus Medeam volasse, ulla ex parte res ista verum imitatur, quippe quae nulla sit nec imitari aliquid possit ea res, quae omnino non sit.

R: Recte dicis; sed non attendis eam rem, quae omnino nulla sit, ne falsum quidem posse dici. Si enim falsum est, est; si non est, non est falsum.

A: Ich habe keine weiteren Bedenken mehr. Also weiter! Ich werde tun, was ich kann, daß diese Abhandlung unter die Augen maßgebender Fachleute kommt und sie Gelegenheit haben, mir ein unüberlegtes Urteil nachzuweisen, falls eins darin ist. Denn ich für meine Person halte jetzt und nie und nimmer von meiner Seite einen Einwand für möglich.

29. V: Wahrheit nennen wir also doch wohl nichts anderes als das, was das Wahre wahr macht?

A: Nur das.

V: Haben wir nicht das Recht, etwas nur dann wahr zu nennen, wenn es nichts Falsches an sich hat?

A: Daran zu zweifeln wäre Torheit.

V: Ist das nicht falsch, was Ähnlichkeit hat mit etwas, ohne jedoch das zu sein, dem es ähnlich scheint?

A: Ich kenne nichts, was ich unbedenklicher als falsch bezeichnen könnte. Aber gewöhnlich nennt man doch auch das falsch, was weit entfernt ist, dem Wahren zu gleichen.

V: Unleugbar! Aber es muß doch irgendeine Nachäffung des Wahren an sich haben.

A: Wieso? Wenn man sagt, Medea sei auf einem geflügelten Schlangengespann geflogen, so enthält dieses Märchen in keiner Weise eine Nachäffung der Wahrheit; denn die Begebenheit ist ganz unwirklich; und was es nicht gibt, kann auch nichts nachäffen.

V: Du hast recht; aber du beachtest nicht, daß etwas, das überhaupt nicht ist, auch nicht falsch genannt werden kann. Wenn es nämlich falsch ist, dann ist es; wenn es nicht ist, dann ist es auch nicht falsch.

A: Non ergo dicemus illud de Medea, nescio quod monstrum, falsum esse?

R: Non utique; nam si falsum est, quomodo monstrum est?

A: Miram rem video; itane tandem, cum audio:
„Angues ingentes alites iunctos iugo"
non dico falsum?

R: Dicis plane; est enim, quod falsum esse dicas.

A: Quid, quaeso?

R: Illam scilicet sententiam, quae ipso versu enuntiatur.

A: Et quam tandem habet ista imitationem veri?

R: Quia similiter enuntiaretur, etiamsi vere illud Medea fecisset. Imitatur ergo ipsa enuntiatione veras sententias falsa sententia. Quae si non creditur, eo solo imitatur veras, quod ita dicitur, estque tantum falsa, non etiam fallens. Si autem fidem impetrat, imitatur etiam creditas veras.

A: Iam intelligo multum interesse inter illa, quae dicimus, et illa, de quibus dicimus aliquid; quare iam assentior; nam hoc solo revocabar, quidquid falsum dicimus, non recte dici, nisi habeat veri alicuius imitationem. Quis enim lapidem falsum argentum esse dicens non iure rideatur? Tamen, si quisquam lapidem ar-

A: Wir sollen also nicht behaupten dürfen, der naturwidrige, mythische Flug der Medea sei falsch?

V: Auf keinen Fall; denn wenn er falsch ist, wie kann er dann eine Monstrosität sein?

A: Seltsam, wie ich sehe. Wenn ich den Vers höre:
„Große, geflügelte Schlangen, gespannt in ein Joch",
um des Himmels willen, soll ich da nicht sagen dürfen, das sei falsch?

V: Doch, sicherlich! Es ist ja etwas daran, das du falsch nennen kannst.

A: Was, bitte?

V: Natürlich den gedanklichen Inhalt des Verses.

A: Und wo in aller Welt enthält er eine Nachäffung der Wahrheit?

V: Weil er ähnlich lautete auch in dem Falle, wenn Medea wirklich den Flug gemacht hätte. Also gerade durch die Aussage äfft ein falscher Satz einen wahren Satz nach. Wenn man nicht daran glaubt, ahmt er nur durch die Ähnlichkeit des Wortlautes wahre Sätze nach, und er ist zwar falsch, will aber nichts Falsches vermitteln. Wenn er aber Glaubwürdigkeit beansprucht, so ahmt er auch die nach, die man für wahr hält.

A: Ich sehe jetzt, daß ein großer Unterschied besteht zwischen dem, was wir sagen, und den Dingen, wovon wir etwas sagen. Deshalb gebe ich meine Zustimmung; denn davon hielt mich nur der Gedanke ab: Alles, was man als falsch bezeichnet, verdiene nur dann mit Recht diese Bezeichnung, wenn es irgend etwas Wahres nachahmen wolle. Wer machte sich nicht mit Recht lächerlich durch die Behauptung, ein Stein sei falsches Silber? Wenn einer jedoch sa-

gentum esse dicat, dicimus falsum eum dicere, id est falsam proferre sententiam. Stannum autem vel plumbum non absurde, ut opinor, falsum argentum vocamus, quod id res ipsa velut imitatur, neque ex eo falsa est nostra sententia sed illud ipsum, de quo enuntiatur.

Caput XVI

Ratio: Bene intelligis; sed illud vide, utrum et argentum falsi plumbi nomine congruenter appellare possimus.

Augustinus: Non mihi placet.

R: Quid ita?

A: Nescio, nisi illud video vehementer contra voluntatem meam dici.

R: Num forte propterea, quod argentum melius est et quasi in contumeliam eius dicitur; plumbi autem quidam velut honor est, si falsum argentum vocetur?

A: Prorsus explicasti, quod volebam. Et ideo credo iure infames intestabilesque haberi, qui muliebri habitu se ostentant, quos nescio utrum falsas mulieres an falsos viros melius vocem. Veros tamen histriones verosque infames sine dubitatione possumus vocare; aut, si latent nec infame quidquam nisi a turpi fama nominatur, veros nequam non sine veritate dicimus, ut opinor.

gen sollte, ein Stein sei Silber, so sagen wir, er sage Falsches, d. h. er trage eine falsche Ansicht vor. Aber wenn man Zinn und Blei falsches Silber nennt, so ist das wohl nicht so ganz abwegig, weil die Wirklichkeit eine Art Imitation darstellt; doch das ist kein Grund dafür, daß unsere Behauptung falsch sein muß, sondern die Sache selbst ist falsch, worauf sie sich bezieht.

Kapitel 16

30. Vernunft: Du unterscheidest recht gut; aber hältst du es für angemessen, daß wir Silber als falsches Blei bezeichnen können?

Augustinus: Das paßt mir nicht.

V: Weshalb denn nicht?

A: Das weiß ich nicht. Ich fühle nur, daß diese Behauptung mir innerlich arg widerstrebt.

V: Etwa deshalb, weil das Silber wertvoller ist und weil diese Behauptung gleichsam eine Verunglimpfung enthält? Für das Blei bedeutet es dann eine Art Auszeichnung, wenn man es falsches Silber nennen wollte?

A: Was meine Meinung angeht, so triffst du den Nagel auf den Kopf. Das ist auch der Rechtsgrund, weshalb diese Verrufenen nicht als Zeugen auftreten dürfen, die sich vor dem Publikum in Frauenkleidung zeigen. Bei ihnen weiß ich nicht, welche Bezeichnung treffender ist: falsche Frauen oder falsche Männer. Doch wahre Schauspieler und wahre Verrufene kann man sie unbedenklich nennen. Oder wenn sie verborgen bleiben und man etwas nur dann verrufen nennt, wenn es einen schlechten Ruf hat, so bleiben wir wohl bei der Wahrheit, wenn wir sie wahre Taugenichtse nennen.

R: Alius locus nobis erit de istis rebus disserendi; multa enim fiunt, quae quasi facie populari turpia videntur, aliquo tamen fine laudabili honesta monstrantur. Et magna quaestio est, utrum patriae liberandae causa muliebri tunica indutus debeat hostem decipere hoc ipso, quo mulier falsa sit, fortasse verior vir futurus; et utrum sapiens, qui aliquo modo certum habeat necessariam fore vitam suam rebus humanis, malit emori frigore quam femineis vestibus, si aliud non sit, amiciri. Sed de hoc, ut dictum est, alias videbimus. Profecto enim cernis, quantae inquisitionis indigeat, quatenus ista progredi debeant, ne in quasdam inexcusabiles turpitudines decidatur. Nunc autem, quod praesenti quaestioni satis est, iam puto apparere neque dubitari non esse falsum quidquam nisi veri aliqua imitatione.

Caput XVII

Augustinus: Proficiscere ad reliqua; nam hoc mihi bene persuasum est.

Ratio: Ergo illud quaero, utrum praeter disciplinas, quibus erudimur et quibus etiam ipsum studium sapientiae annumerari decet, possimus quidquam ita verum invenire, quod non sicut theatricus Achilles ex aliqua parte falsum sit, ut ex alia verum esse possit.

V: Wir werden gelegentlich auf dieses Thema zurückkommen. Vieles, was geschieht, erscheint, gleichsam durch die Brille des Volkes gesehen, als schimpflich, erweist sich aber durch den lobenswerten Zweck, den es verfolgt, als ehrenhaft. Und es ist eine wichtige Frage, ob jemand zur Befreiung des Vaterlandes Weiberkleidung anziehen und so den Feind täuschen darf; verspricht er doch gerade dadurch, daß er als ein falsches Weib auftritt, ein wahrer Held zu werden. Und weiter ist es eine Frage, ob der Weise, der irgendwie die Gewißheit hat, daß sein Weiterleben für das Wohl der Menschheit durchaus erforderlich ist, es vorziehen soll, durch Kälte umzukommen oder Frauenkleider anzulegen, wenn ihm sonst nichts zur Verfügung steht. Aber das wollen wir, wie gesagt, später eingehend prüfen. Du siehst also ohne Zweifel, wie umfangreich unsere Untersuchung sein muß, und wie weit sie pflichtgemäß zu gehen hat, um nicht gewissermaßen schuld zu sein an einem jähen, unrühmlichen Ende. Was aber die Frage angeht, die uns jetzt beschäftigt, so sind wir wohl weit genug gegangen, und es ist nunmehr unzweifelhaft klar, daß das Falsche nur in irgendeiner Nachahmung des Wahren besteht.

Kapitel 17

31. Augustinus: Geh ruhig weiter! Hiervon bin ich ganz überzeugt.

Vernunft: Dann will ich untersuchen, ob wir außer den Wissenschaften des üblichen Unterrichts, zu denen man auch wohl das Studium der Philosophie rechnen darf, irgend etwas so Wahres finden können, daß es nicht wie Achilles auf der Bühne in einer Hinsicht falsch ist, um in einer anderen wahr sein zu können.

A: Mihi videntur multa inveniri. Non enim disciplinae istum habent lapidem nec tamen, ut verus sit lapis, imitatur aliquid, secundum quod falsus dicatur. Quo uno commemorato vides iam innumerabilibus supersedendum esse, quae sponte occurrant cogitantibus.

R: Video prorsus; sed nonne tibi videntur uno corporis nomine includi?

A: Viderentur, si aut inane nihil esse certum haberem aut ipsum animum inter corpora numerandum arbitrer aut etiam deum corpus aliquod esse crederem. Quae omnia, si sunt, ad nullius imitationem falsa et vera esse video.

R: In longum nos mittis, sed utar quantum possum compendio. Certe enim aliud est, quod inane appellas, aliud quod veritatem.

A: Longe aliud. Quid enim me inanius, si veritatem inane aliquid puto aut tantopere aliquid inane appeto? Quid enim aliud quam veritatem invenire desidero?

R: Ergo et illud fortasse concedis nihil verum esse, quod non veritate fiat, ut verum sit.

A: Iam hoc olim manifestum est.

R: Num dubitas nihil esse inane praeter ipsum inane aut certe corpus?

A: Anscheinend läßt sich vieles finden. Der Stein da gehört nicht zum Unterrichtsstoff der Wissenschaft; aber um ein echter Stein zu sein, braucht er doch nichts nachzuahmen, was uns das Recht gäbe, ihn falsch zu nennen. Dies eine Beispiel zeigt dir schon, daß es überflüssig ist, weitere anzuführen, die sich in einer Unzahl einem unwillkürlich aufdrängen.

V: Das sehe ich gut; aber fallen sie nicht anscheinend alle unter das, was wir als Körper bezeichnen?

A: So würde es mir vorkommen, wenn ich dessen gewiß wäre, daß das Leere ein Nichts ist, oder wenn ich der Meinung wäre, auch die Seele müsse zu den Körpern gerechnet werden, oder wenn ich glauben könnte, sogar Gott sei ein Körper. Aber wenn all das existiert, so ist es, wie ich sehe, offensichtlich nicht wahr und falsch durch die Nachahmung von irgend etwas.

V: Deine Ausführungen gehen in die Weite; aber ich will möglichst einen Abkürzungsweg einschlagen. Sicherlich ist das, was du als das Leere bezeichnest, doch etwas ganz Andersartiges als das, was du Wahrheit nennst.

A: Ja, es ist etwas Andersartiges. Was könnte es Leereres geben als mich, wenn ich die Wahrheit als etwas Leeres bezeichnete oder sogar nach etwas so Leerem so sehnlich verlange? Sie zu finden, ist ja meine einzige Sehnsucht.

V: Dann gibst du vielleicht auch zu, daß nichts wahr sein kann, wenn es die Wahrheit nicht wahr macht.

A: Das ist schon längst klar.

V: Zweifelst du daran, daß es außer dem Leeren nichts Leeres geben kann oder daß es sicherlich Körper gibt?

A: Prorsus non dubito.

R: Opinor ergo veritatem corpus esse aliquod credis.

A: Nullo modo.

R: Quid in corpore?

A: Nescio; nihil ad rem; arbitror enim vel illud te scire, si est inane, magis illud esse, ubi nullum sit corpus.

R: Hoc sane planum est.

A: Quid igitur immoramur?

R: An tibi aut veritas videtur fecisse inane aut aliquid verum esse, ubi veritas non sit?

A: Non videtur.

R: Non est ergo inane verum, quia neque ab eo, quod inane non est, inane fieri potest; et quod veritate caret, verum non esse manifestum est; et omnino ipsum, quod inane dicitur, ex eo, quod nihil sit, dicitur. Quomodo igitur potest verum esse, quod non est? Aut quomodo potest esse, quod penitus nihil est?

A: Age nunc inane tanquam inane deseramus.

Caput XVIII

Ratio: Quid de caeteris dicis?

Augustinus: Quid?

R: Quod vides mihi plurimum suffragari. Restat enim animus et deus, quae duo si propterea vera sunt, quod in his est veritas, de immortalitate

A: Ich hege nicht den geringsten Zweifel.

V: Dann liegt doch die Vermutung nahe, daß du die Wahrheit irgendwie als Körper ansiehst.

A: Keineswegs.

V: Etwa in einem Körper?

A: Das weiß ich nicht; aber das ist belanglos. Wie ich glaube, weißt du wohl, wenn das Leere existiert, ist es vorzugsweise dort, wo kein Körper ist.

V: Das ist sonnenklar.

A: Wozu halten wir uns denn dabei auf?

V: Bist du wirklich der Meinung, die Wahrheit habe das Leere erschaffen oder etwas könne wahr sein, wo die Wahrheit nicht ist?

A: Nein, das glaube ich nicht.

V: Dann ist also das Leere nicht wahr; denn einerseits kann das Leere nicht entstehen aus etwas, was nicht leer ist, und andererseits kann das, was die Wahrheit vermissen läßt, offenbar nicht wahr sein. Was man gemeiniglich leer nennt, heißt deshalb so, weil es nichts ist. Wie kann daher etwas wahr sein, was nicht ist, oder wie kann etwas existieren, das ganz und gar nichts ist?

A: Wohlan, verlassen wir die Untersuchung über das Leere als leeres Gerede!

Kapitel 18

32. Vernunft: Was hast du weiter zu sagen?

Augustinus: Worüber?

V: Von dem, das, wie du sehen kannst, mir bedeutend weiterhilft. Es bleibt ja noch als Thema: die Seele und Gott. Wenn beide Wesen deshalb wahr

dei nemo dubitat. Animus autem immortalis creditur, si veritas, quae interire non potest, etiam in illo esse probatur. Quare iam illud ultimum videamus, utrum corpus non sit vere verum, id est non in eo sit veritas sed quasi quaedam imago veritatis. Nam si et in corpore, quod satis certum est recipere interitum, tale verum invenerimus, quale est in disciplinis, non continuo erit disputandi disciplina veritas, qua omnes verae sunt disciplinae. Verum est enim et corpus, quod non videtur disputandi ratione esse formatum. Si vero et corpus imitatione aliqua verum est et ob hoc non ad liquidum verum, nihil erit fortasse, quod impediat disputandi rationem, quominus ipsa veritas esse doceatur.

A: Interim quaeramus de corpore; nam ne hoc quidem cum constiterit, video istam controversiam terminatam.

R: Unde scis, quid velit deus? Itaque attende; nam ego puto corpus aliqua forma et specie contineri, quam si non haberet, corpus non esset; si veram haberet, animus esset. An aliter putandum est?

A: Assentior in parte, de caetero dubito; nam nisi teneatur aliqua figura, corpus non esse concedo. Quomodo autem, si eam veram haberet, animus esset, non satis intelligo.

R: Nihilne tandem de primi libri exordio et de illa tua geometrica recordaris?

sind, weil in ihnen die Wahrheit ist, kann niemand an der Unsterblichkeit Gottes zweifeln. Wir können aber auch die Unsterblichkeit der Seele für wahr halten, wenn wir nachweisen, daß die Wahrheit in ihr ist, die ja nicht zu Grunde gehen kann. Prüfen wir also die letzte Frage: Ist der Körper nicht wahrhaft wahr, d. h. ist die Wahrheit nicht in ihm, sondern nur eine Art Abbild der Wahrheit? Denn wenn wir auch in dem Körper, der sicher dem Untergang geweiht ist, dieselbe Wahrheit finden wie in den Wissenschaften, so kann die Dialektik nicht von vornherein die Wissenschaft sein, die alle anderen wahr macht. Der Körper stellt ja auch etwas Wahres dar, das augenscheinlich nicht von der Dialektik herrührt. Wenn aber der Körper durch irgendeine Nachahmung wahr ist und daher nicht zuverlässig wahr ist, dann steht vielleicht der Dialektik nichts mehr im Wege, sich als identisch mit der Wahrheit erklären zu lassen.

A: Vorläufig wollen wir weiter untersuchen, was der Körper ist; denn selbst wenn das feststeht, sehe ich noch nicht, wie unsere Frage endgültig gelöst sein soll.

V: Wie erkennst du den Willen Gottes? Gib acht! Ich bin geneigt zu glauben, der Körper werde von einer Art Form und Figur umschlossen, ohne die er kein Körper wäre. Wenn er eine wahre Figur darstellte, wäre er eine Seele. Oder bist du anderer Ansicht?

A: Ich kann dir nur zum Teil beistimmen, das andre bezweifle ich. Daß er als Körper eine bestimmte Figur haben muß, gebe ich gerne zu; wie er aber Seele sein soll, wenn er eine wahre Figur hätte, das leuchtet mir nicht recht ein.

V: Erinnerst du dich denn gar nicht mehr an den Anfang des ersten Buches und an deine geometrischen Figuren?

A: Bene commemorasti; recordor prorsus ac libentissime.

R: Talesne in corporibus figurae inveniuntur, quales illa disciplina demonstrat?

A: Imo incredibile est, quanto deteriores esse convincuntur.

R: Quas ergo istarum veras putas?

A: Ne, quaeso, etiam istuc me interrogandum putes. Quis enim mente tam caecus est, qui non videat istas, quae in gemetrica docentur, habitare in ipsa veritate aut in his etiam veritatem; illas vero corporis figuras, siquidem quasi ad istas tendere videntur, habere nescio quam imitationem veritatis et ideo falsas esse? Iam enim totum illud, quod ostendere moliebaris, intelligo.

Caput XIX

Ratio: Quid ergo iam opus est, ut de disciplina disputationis requiramus? Sive enim figurae geometricae in veritate sive in eis veritas sit, anima nostra, id est intelligentia nostra, contineri nemo ambigit ac per hoc in nostro animo etiam veritas esse cogitur. Quod si quaelibet disciplina ita est in animo ut in subiecto inseparabiliter nec interire veritas potest, quid, quaeso, de animi perpetua vita nescio qua mortis familiaritate dubitamus? An illa linea vel quadratura vel rotunditas habent alia, quae imitentur, ut vera sint?

A: Du hast recht mit deinem Hinweis; ich erinnere mich ganz gut und gerne.

V: Finden sich an dem Körper solche Figuren, wie sie die Geometrie darstellt?

A: Nein, es ist im Gegenteil kaum glaublich, in welchem Grade sie augenscheinlich minderwertiger sind.

V: Und welche von ihnen hältst du für wahr?

A: Frag mich um alles in der Welt doch nicht danach! Wo ist einer so mit geistiger Blindheit geschlagen, daß er nicht sieht, daß die geometrischen Figuren in der Wahrheit ihre Heimat haben oder daß die Wahrheit in ihnen zu Hause ist, während die Figuren des Körpers gerade dadurch, daß sie anscheinend nach jenen hinstreben, eine Art Nachahmung an sich haben und deshalb falsch sind? Jetzt verstehe ich alles, was du mir unverdrossen zu beweisen suchtest.

Kapitel 19

33. Vernunft: Weshalb soll es jetzt noch nötig sein, auf die Dialektik zurückzukommen? Mögen die geometrischen Figuren in der Wahrheit sein oder die Wahrheit in ihnen, niemand kann bezweifeln, daß unsere Seele, d. h. unser Erkenntnisvermögen, sie enthält. Folglich ist die Wahrheit in unserer Seele. Wenn nun jede Wissenschaft so in unserer Seele ist, daß sie von ihr als ihrem Subjekt untrennbar ist, und wenn andererseits die Wahrheit nicht zu Grunde gehen kann, weshalb sollen wir dann noch an dem Weiterleben der Seele zweifeln, gleich als ob sie irgendwelche engeren Beziehungen zum Tode hätte? Oder haben vielleicht die Linie, das Quadrat, der Kreis etwas anderes nachzuahmen, um wahr zu sein?

Augustinus: Nullo modo id possum credere, nisi forte aliud sit linea quam longitudo sine latitudine et aliud circulus quam linea circumducta undique ad medium aequaliter vergens.

R: Quid ergo cunctamur? An ubi ista sunt, veritas non est?

A: Avertat deus amentiam.

R: An disciplina non est in animo?

A: Quis hoc dixerit?

R: Sed forte potest intereunte subiecto id, quod in subiecto est, permanere?

A: Quando mihi hoc persuadetur?

R: Restat, ut occidat veritas.

A: Unde fieri potest?

R: Immortalis est igitur anima. Iamiam crede rationibus tuis, crede veritati; clamat et in te esse, habitare et immortalem esse nec sibi suam sedem quacumque corporis morte posse subduci. Avertere ab umbra tua, revertere in te; nullus est interitus tuus, nisi oblitum te esse, quod interire non possis.

A: Audio, resipisco, recolere incipio. Sed, quaeso, illa, quae restant, expedias, quomodo in animo imperito, non enim eum mortalem dicere possumus, disciplina et veritas esse intelligantur.

Augustinus: Das kann ich gar nicht glauben; die Linie müßte denn etwas anderes sein als eine Länge ohne Breite, der Kreis etwas anderes als eine geschlossene Linie, die in allen Punkten gleichweit vom Mittelpunkt entfernt ist.

V: Weshalb wollen wir also nicht weitergehen? Ist etwa da, wo sie sind, nicht auch die Wahrheit?

A: Gott bewahre uns vor diesem törichten Zweifel!

V: Oder ist vielleicht das Wissen nicht in der Seele?

A: Wer könnte das leugnen!

V: Aber vielleicht kann das, was in einem Gegenstande ist, fortdauern, wenn dieser zu Grunde gegangen ist?

A: Wann könnte mich einer davon überzeugen?

V: Dann bleibt nur die Möglichkeit, daß die Wahrheit zu Grunde geht.

A: Wie könnte das geschehen?

V: Also ist die Seele unsterblich. Verlaß dich von nun an auf die Gesetzmäßigkeit deiner Vernunft; verlaß dich auf die Wahrheit! Sie ruft laut, daß sie in dir wohnt und thront; daß sie unsterblich ist; daß keine Art des leiblichen Todes ihr diesen Thron entreißen kann. Kehre dich ab von deinem eigenen Schatten und kehre in dich! Mit deinem Tode hat es nichts auf sich, außer wenn du vergißt, daß du nicht zu Grunde gehen kannst.

A: Ich höre, ich komme wieder zum Bewußtsein, die Erinnerung erwacht in mir. Aber räume, bitte, auch den Rest der Hindernisse hinweg! Wie ist es bei einer unwissenden Seele? Wir dürfen nicht sagen, daß sie sterblich ist; aber woran soll man erkennen, daß das Wissen und die Wahrheit ihn ihr ist?

R: Aliud ista quaestio volumen desiderat, si eam vis tractari diligenter. Simul et illa, quae, ut potuimus, investigata sunt, recensenda tibi esse video, quia, si nihil eorum, quae concessa sunt, dubium est, multum nos egisse arbitror nec cum parva securitate caetera quaerere.

Caput XX

Augustinus: Ita est ut dicis, et obtempero 34 praeceptis tuis libens. Sed illud saltem impetrem, antequam terminum volumini statuas, ut, quid intersit inter veram figuram, quae intelligentia continetur, et eam, quam sibi fingit cogitatio, quae graece sive phantasia sive phantasma dicitur, breviter exponas.

Ratio: Hoc quaeris, quod videre nisi mundissimus non potest et ad cuius rei visionem parum es exercitatus. Neque nunc per istos circuitus aliud quam exercitationem tuam, ut illud videre sis idoneus, operamur; tamen interesse plurimum, quomodo possit doceri, fortasse breviter planum facio. Fac enim te aliquid esse oblitum aliosque te velle quasi in memoriam revocare. Dicunt ergo illi: Numquidnam hoc est aut illud diversa velut similia proferentes? Tu vero nec

V: Das ist eine Frage, die ein weiteres Buch nötig machte, wenn man sie eingehend behandeln will. Zugleich sehe ich, daß du auch das wieder prüfen mußt, was wir mit dem Aufgebot unseres Scharfsinns gefunden haben. Wenn kein Zweifel mehr besteht über das, was wir als wahr vorausgesetzt haben, dann haben wir, glaube ich, allerhand erreicht und können in aller Ruhe und Sicherheit an die weiteren Untersuchungen herangehen.

Kapitel 20

34. Augustinus: Du hast recht, und ich richte mich gerne nach deinen Anweisungen. Aber bevor du das Buch zu Ende gehen läßt, hätte ich noch eine Bitte: Lege mir wenigstens, wenn auch in kurzer Fassung, den Unterschied dar zwischen einer der wahren Figuren, wie sie der Intellekt erfaßt, und der, die von unserer Einbildungskraft, der Phantasie, ihre Gestalt erhält als Phantasiegebilde, wie die Griechen es nennen.

Vernunft: Du bittest um das, was man nur im Zustande größter Lauterkeit sehen kann, und für diese Schau hast du noch zu wenig Übung. Und wenn wir eben so weite Umwege durchliefen, so sollte diese Übung dich gerade für jene Schau befähigen. Dennoch will ich versuchen, ob ich etwa in kurzer Fassung dir den Riesenunterschied klar machen kann, soweit eine Unterweisung überhaupt möglich ist. Nimm an, du habest etwas vergessen und andere mühten sich ab, es dir sozusagen ins Gedächtnis zurückzurufen. Sie fragen dich deshalb: Ist es dies oder das? indem sie dir ganz verschiedene Dinge als ähnlich vor Augen stellen. Du kannst nicht auf das

illud vides, quod recordari cupis, et tamen vides non hoc esse, quod dicitur. Numquidnam tibi cum hoc evenit, omni modo videtur oblivio? Nam ipsa discretio, qua non admittitur, quod falso admoneris, pars quaedam recordationis est.

A: Ita videtur.

R: Tales ergo nondum verum vident, falli tamen decipique non possunt et, quid quaerant, satis norunt. At si tibi quisquam dicat te post paucos dies risisse quam natus es, non audes dicere falsum esse, et si auctor sit, cui fides habenda est, non recordaturus sed crediturus es; totum enim tempus illud validissima oblivione tibi sepultum est; an aliter putas?

A: Prorsus consentio.

R: Haec igitur ab illa oblivione plurimum differt, sed illa media est; nam est alia recordationi revisendaeque veritati propior atque vicinior. Cui simile est, quando videmus aliquid certoque recognoscimus id nos vidisse aliquando atque nosse affirmamus; sed ubi aut quando aut quomodo aut apud quem nobis in notitiam venerit, satagimus repetere atque recolere. Ut si de homine nobis contigerit, etiam quaerimus,

kommen, woran du dich erinnern willst, aber du siehst doch soviel, daß es das nicht ist, was man dir nennt. Scheint dir in diesem Falle ein völliges Vergessen vorzuliegen? Denn schon das Unterscheidungsvermögen, das das nicht als richtig anerkennt, woran man dich fälschlich erinnert, ist gewissermaßen ein Teil des Gedächtnisses.

A: Das leuchtet mir ein.

V: In einem solchen Falle sieht man das Wahre zwar nicht, man kann aber nicht auf eine falsche Fährte gesetzt werden und sich nicht täuschen lassen. Man weiß also doch ziemlich gut, was man sucht. Aber wenn dir jemand sagt, du habest einige Tage nach deiner Geburt gelächelt, dann unterfängst du dich nicht zu sagen, es sei falsch. Wenn es ein glaubwürdiger Gewährsmann ist, dann bist du zwar nicht in der Lage, dich zu erinnern, aber wohl dazu geneigt, es zu glauben; denn jene Zeit ist gänzlich und ein für allemal für dich in dem tiefen Meere der Vergessenheit versunken. Oder bist du anderer Ansicht?

A: Nein, ich teile ganz deine Ansicht.

V: Dieses Vergessen unterscheidet sich also himmelweit von dem ersten, das ja nur ein halbes ist; denn das erste ist anderer Natur: Es steht der Erinnerung und Auffindung der Wahrheit verwandtschaftlich viel näher. Ähnlich liegt folgender Fall: Wir sehen zuweilen etwas und wissen ganz gut, daß wir es schon mal gesehen haben; wir können auch wirklich sagen, daß wir es kennen; aber wo, wann, wie oder bei wem wir das gesehen haben, darüber zermartern wir unser Hirn, wenn wir es uns vergegenwärtigen und ins Gedächtnis zurückrufen wollen. Sollte es sich um einen Menschen handeln und wir uns fragen müssen,

ubi eum noverimus. Quod cum ille commemoravit, repente tota res memoriae quasi lumen infunditur nihilque amplius, ut reminiscamur, laboratur. An hoc genus ignotum tibi est aut obscurum?

A: Quid hoc planius? Aut quid crebrius mihi accidere solet?

R: Tales sunt, qui bene disciplinis liberalibus eruditi, siquidem illas sine dubio in se oblivione obrutas eruunt discendo et quodam modo refodiunt; nec tamen contenti sunt nec se tenent, donec totam faciem veritatis, cuius quidam in illis artibus splendor iam subrutilat, latissime atque plenissime intueantur. Sed ex his quidam falsi colores atque formae velut in speculum cogitationis se fundunt falluntque inquirentes saepe ac decipiunt putantes illud totum esse, quod norunt vel quod inquirunt. Ipsae sunt illae imaginationes magna cautione vitandae; quae deprehenduntur fallaces, cum cogitationis variato quasi speculo variantur, cum illa facies veritatis una et immutabilis maneat. Tum enim alterius atque alterius magnitudinis quadratum sibi cogitatio depingit et quasi ante oculos praefert; sed mens interior, quae vult verum videre, ad illud se potius convertat, si potest, secundum quod iudicat illa omnia esse quadrata.

wo wir ihn kennen gelernt haben? Wenn er uns daran erinnert, dann wird die ganze Sachlage im Gedächtnis gleichsam blitzartig beleuchtet, und wir brauchen uns nicht weiter den Kopf darüber zu zermartern. Ist diese Art und Weise einer Erinnerung dir unbekannt oder unklar?

A: Nichts ist mir klarer und begegnet mir häufiger als gerade das.

35. V: So steht es mit denen, die erfolgreich durch die Schule der freien Künste gegangen sind. Beim Lernen legen sie ja jene Kenntnisse bloß und graben sie gewissermaßen aus, die ohne Zweifel durch das Vergessen in ihnen verschüttet waren. Aber damit geben sie sich doch nicht zufrieden und halten nicht inne, bis sie im ganzen Umfang und ganzer Fülle das ganze Antlitz der Wahrheit schauen, von der eine Art Glanz aus jenen Wissenschaften bereits hervorschimmert. Aber von diesen Wissenschaften gehen auch trügerische Farben und Formen aus und täuschen und betrügen oft genug als eine Art Spiegelbilder unseres Gedächtnisses die Forscher, die sich einbilden, ihre Untersuchung habe das ganze Wissen zu Tage gefördert. Das sind gerade die Trugbilder, die man mit großer Vorsicht meiden muß. Ihre Falschheit entlarvt sich dadurch, daß sie sich ändern, wenn die Art Spiegelbild ihrer Vorstellung sich ändert, während das Antlitz der Wahrheit immer und ewig dasselbe bleibt. So ersinnt ihre Phantasie ein Quadrat von dieser oder jener Größe und stellt es geradezu vor ihren Augen zur Schau aus; aber der Geist in ihrem Innern, der das Wahre sehen will, soll sich lieber zu dem Urbild hinwenden, wenn er es vermag, das ihm den Maßstab dafür abgibt, daß es Quadrate sind.

A: Quid, si nobis quispiam dicat secundum id eam iudicare, quod videre oculis solet?

R: Quare ergo iudicat, si tamen bene erudita est, quantamvis pilam veram vera planitie puncto tangi? Quid tale unquam oculus vidit aut videre potest, cum ipsa imaginatione cogitationis fingi quidquam huiusmodi non potest? Annon hoc probamus, cum etiam minimum circulum imaginando animo describimus et ab eo lineas ad centrum ducimus? Nam cum duas duxerimus, inter quas quasi acu vix pungi possit, alias iam in medio non possumus ipsa cogitatione imaginaria ducere, ut ad centrum sine ulla commixtione perveniant; cum clamet ratio innumerabiles posse duci, nec sese in illis incredibilibus angustiis nisi centro posse contingere, ita ut in omni earum intervallo scribi etiam circulus possit. Hoc cum illa phantasia implere non possit magisque quam ipsi oculi deficiat, siquidem per ipsos est animo inflicta, manifestum est et multum eam differre a veritate et illam, dum haec videtur, non videri.

Haec dicentur operosius atque subtilius, cum de intelligendo disserere coeperimus, quae nobis pars proposita est, cum de animae vita, quidquid sollicitat, fuerit, quantum valemus, enucleatum atque discussum. Non enim credo te parum formidare, ne mors humana, etiamsi non interficiat

A: Aber wenn uns einer mit dem Einwurf käme, der Geist urteile nach dem, was er gewöhnlich mit seinen Augen sieht?

V: Woher hat er denn die scharfe Erkenntnis — er mag sogar wissenschaftlich auf der Höhe sein —, daß eine recht große richtige Kugel eine richtige Ebene nur in einem Punkte berühren kann? Wo hat je ein Auge etwas Derartiges gesehen und kann es überhaupt sehen, da selbst die Phantasie sich kein Bild davon machen kann? Wir stellen ja auch dasselbe Unvermögen fest, wenn wir uns einen ganz winzigen Kreis vorstellen und von seiner Peripherie Radien nach dem Mittelpunkt ziehen. Wenn wir zwei gezogen haben, zwischen denen kaum Platz bliebe für eine Nadelspitze, dann können wir selbst in unserer Phantasie es uns nicht mehr vorstellen, daß noch andere dazwischen gezogene Linien zum Mittelpunkte gelangen können, ohne sich miteinander zu vermischen und zu verwischen; und doch sagt die Vernunft uns deutlich, daß man noch unzählige ziehen kann, ohne daß sie sich in dieser unvorstellbaren Enge vor dem Mittelpunkte träfen, ja daß man noch in dem Zwischenraum der einzelnen Radien einen Kreis beschreiben könne. Die Phantasie kann sich das nicht vorstellen, und sie versagt mehr als die Augen, da ja ihre seelische Kraft gerade durch sie geht. Es ist daher klar, daß sie von der Wahrheit arg verschieden ist und daß ihr Schein verblaßt, wenn jene erscheint.

36. Das werden wir noch eingehender und sorgfältiger darlegen in einer späteren Abhandlung über den Intellekt. Diese Aufgabe wollen wir lösen, wenn wir all die brennenden Fragen wegen des Lebens der Seele nach besten Kräften erschöpfend gelöst und klargelegt haben. Denn deine Angst ist, glaube ich,

animam, rerum tamen omnium et ipsius, si qua
comperta fuerit, veritatis oblivionem inferat.

A: Non potest satis dici, quantum hoc malum
metuendum sit. Qualis enim erit illa aeterna
vita vel quae mors non ei praeponenda est et
sic vivit anima, ut videmus eam vivere in puero
mox nato? Ut de illa vita nihil dicam, quae
in utero agitur; non enim puto esse nullam.

R: Bono animo esto! Deus aderit, ut iam sentimus, quaerentibus nobis, qui beatissimum
quiddam post hoc corpus et veritatis plenissi-
mum sine ullo mendacio pollicetur.

A: Fiat, ut speramus.

recht groß, der Tod des Menschen könne, auch ohne die Seele zunichte zu machen, ein Vergessen aller Dinge und selbst der Wahrheit herbeiführen, insofern sie zur Kenntnis gekommen ist.

A: Es fehlt mir an Worten, die Furcht vor diesem Unglück zu schildern. Was soll das für ein ewiges Leben sein! Würde man ihm nicht den Tod vorziehen, wenn die Seele leben müßte, wie wir sehen, daß sie bei einem neugeborenen Kinde lebt? Ganz zu schweigen von einem Leben vor der Geburt, das immerhin schon vorhanden ist.

V: Sei guten Mutes! Wenn wir ihn darum bitten, wird Gott uns beistehen; und das fühlen wir bereits. Verspricht er uns nicht nach dem Hinscheiden dieses Leibes ein Fortleben in der Fülle des Glückes und der Wahrheit ohne jeden Trug?

A: Unsere Hoffnung möge in Erfüllung gehen!

NACHWORT

In den Herbstferien des Jahres 386 hatte Augustinus sein Amt als Lehrer der Beredsamkeit in Mailand aufgegeben. Sein Freund Nebridius hatte ihm sein nicht allzuweit von der Stadt entferntes Landgut Cassiciacum zum Aufenthalte angeboten. Dort verbrachte Augustinus mit seinen Verwandten und Freunden ein gutes Halbjahr bis zu seiner Taufe, die Ostern 387 in Mailand stattfand. Endlich war sein Herzenswunsch erfüllt, ganz dem Studium der Philosophie, der Erforschung der Wahrheit, leben zu können. Nachdem er gläubig geworden war, wollte er den Glauben durch philosophische Erkenntnisse festigen und unterbauen. (Ita enim iam sum affectus, ut, quid sit verum, non credendo solum sed etiam intelligendo apprehendere impatienter desiderem. Contra academ. III 20, 43.) Bei den Platonikern hoffte er fest bis auf weiteres etwas zu finden, was mit der Unantastbarkeit der religiösen Überzeugung nicht im Widerspruch stände (ebenda: apud Platonicos me interim, quod sacris nostris non repugnet, reperturum esse confido). So entstanden in Anlehnung an Plato, die Platoniker und Cicero eine Reihe von Schriften: drei Bücher gegen die Akademiker, der Dialog de beata vita, zwei Bücher de ordine, ein Buch de immortalitate animae, ein Buch de quantitate animae und die Soliloquien. Dazu kommen noch Abhandlungen über die sogenannten freien Künste, eine pädagogische Schrift de magistro und ein reger Briefwechsel mit abwesenden

Freunden. Da die Erörterungen zum großen Teile im Kreise von Verwandten und Freunden geführt wurden, ließ er sie durch einen Stenographen aufzeichnen und manches gelangte nach seinem Geständnis fast wortgetreu so an die Öffentlichkeit, wie es während des Dialogs festgehalten worden war. Eine Ausnahmestellung nehmen die Soliloquien ein. Die Art der Darstellung ist neu, neu sogar das Wort; aber diese Form entspricht so ganz dem Wesen des Verfassers, der von ihm so empfundenen Gespaltenheit seines Seins. In der Gesamtausgabe seiner Werke durch die Mauriner stehen die Soliloquien daher mit Recht gleich hinter den Confessionen, die die erste Stelle einnehmen. Die anderen Werke, die Dialoge, sind das Ergebnis von Erörterungen mit seinen Verwandten und Freunden, die Soliloquien mehr die Frucht schlafloser Nächte. Sie behandeln die Kernfragen, die ihn dauernd beschäftigen: das Wesen Gottes und der Seele, ihre Unsterblichkeit. Alles was er besaß, Geld und Gut, Ruhm und Ansehen, seine Stellung, hat er aufgegeben, um sich zu besitzen, sich zu erkennen. „Was wissen wir denn, wenn wir nicht wissen, was in unserer Seele ist, da wir all unser Wissen nur durch die Seele erfassen können (de trinitate XIV 5, 8). „Ich weiß, daß ich existiere, daß ich lebe; denn wer könnte daran zweifeln, daß er lebt und sich erinnert und begreift und will und denkt und weiß und urteilt? Er mag daran zweifeln: Selbst wenn er zweifelt, lebt er; wenn er zweifelt, wird er sich bewußt, weshalb er zweifelt; wenn er zweifelt, wird er inne, daß er zweifelt; wenn er zweifelt, hat er das Bestreben, sicher zu sein; wenn er zweifelt, denkt er; wenn er zweifelt, weiß er, daß er nicht weiß; wenn er zweifelt, ist er der Ansicht, daß er nichts unbedacht annehmen soll. Wer sonstwie zweifelt, darf an all dem nicht zweifeln, sonst

kann er ja gar nicht an irgend etwas zweifeln" (de Trinitate X 14). Dieses Ich, das existiert, lebt, erkennt, will Augustinus näher ergründen: Er will wissen, woher er sein Wissen hat, ob sein Wissen, seine Existenz immer fortdauert.

Der Dialog zwischen Augustinus und der Vernunft wird eingeleitet mit einem inbrünstigen Gebet zu Gott, dem Urheber und Vater der ganzen Schöpfung. Augustinus bittet um die Gnade eines rechten Gebetes, um Beistand zu einem guten Lebenswandel, der ihn einer Erkenntnis würdig macht. Dadurch hofft er, Frieden und Freiheit zu finden.

Gott und die Seele will er erkennen. Aber schon über die Art und den Grad der Erkenntnis ist er sich nicht klar. Er kennt nichts Gott Ähnliches, kennt sich nicht, kennt seinen vertrautesten Freund nicht, der sich ja auch selbst nicht kennt. Er kann also nicht sagen, wie ich dieses oder jenes kenne, so will ich Gott kennen. Sichere Erkenntnisse des Intellekts bietet die Mathematik. Er kennt das Wesen der Linie und Kugel. Beide sind voneinander verschieden. Es gibt also ein unterschiedloses Wissen bei Dingen, die verschieden sind. Eine solche Erkenntnis von Gott würde jedoch Augustinus nicht genügen; denn es ist immer noch ein großer Unterschied in den Objekten vorhanden, und diese Erkenntnisse machen ihm nicht die Freude, die ihm ohne Zweifel die Erkenntnis Gottes gewährte. Das Wissen von Gott und diesen Dingen ist also nicht gleich. Wie der Himmel sich von der Erde unterscheidet, so überragen die Erkenntnisse von der Majestät Gottes jene sicheren Erkenntnisse der Wissenschaften.

Bei der Betrachtung irdischer Dinge sind Belichtung und gesunde Augen nötig, für die Erkenntnis Gottes gesunde geistige Sinne. Diese sind vorhanden, wenn

die Seele Glaube, Hoffnung und Liebe besitzt und frei ist von jeder Hinneigung zu irdischen Dingen. Erfüllt Augustinus diese Bedingungen? Er fürchtet den Verlust geliebter Personen, den Schmerz und den Tod. Auf Geld und Gut, auf Ansehen und hohe Stellungen und auf jeden sinnlichen Genuß hat er verzichten gelernt. Seine Freunde liebt er nur um der Weisheit willen; den Schmerz fürchtet er nur, weil er ihn an dem Fortschritt seiner Erkenntnis hindert; den Tod fürchtet er nur, weil er ihm vielleicht eine weitere Erkenntnis unmöglich machen oder die bereits gewonnene rauben könnte. Er liebt die Weisheit einzig und allein und in Wahrheit; nach ihr geht sein ganzes Sehnen. Die Vernunft belehrt ihn, daß es einer stufenweisen Übung bedürfe, um die Weisheit in ihrem unverhüllten Glanze zu schauen. Augustinus muß gestehen, daß die Voraussetzungen zu einer solchen Schau bei ihm noch nicht alle vorhanden sind.

Gott und die Seele werden nur durch die Wahrheit erkannt. Wahrheit und wahr sind zwei verschiedene Begriffe; das Wahre kann zu Grunde gehen, die Wahrheit dauert fort. Ist sie unvergänglich, so muß sie irgendwo sein. In sterblichen Dingen kann sie nicht sein. Es gibt also unsterbliche Dinge. Diese sind wahr und haben ein richtiges Sein.

Augustinus geht von der Tatsache aus: Es ist wahr, daß ich bin und denke. Ob das immer so sein wird, weiß er nicht. Er will leben, um zu wissen, weil Erkennen und Wissen glücklich machen. Er wird weiter existieren und leben, wenn seine Erkenntnis fortdauert. Das will er also beweisen. Nur die Seele erkennt durch den Intellekt. Dieser ist auf die Wahrheit gerichtet. Es gilt also, das Wesen der Wahrheit zu untersuchen. Er will zuerst das Wesen des Falschen und hiernach das der Wahrheit ermitteln. Er

definiert: Falsch ist, was sich anders verhält, als es erscheint, so daß man es für wahr hält. Die Definition befriedigt ihn aber nicht; denn der Grund der Falschheit läge dann in der sinnlichen Wahrnehmung, nicht in den Dingen. Ist aber etwas deshalb falsch, weil es anders erscheint, als es in Wirklichkeit ist, dann ist auch aus demselben Grund etwas wahr, weil es so ist, wie es erscheint. Es gibt also nichts Wahres und Falsches mehr, wenn niemand mehr da ist, der es sieht. Darauf versucht Augustinus es mit einer Begriffsbestimmung des Wahren: Wahr ist, was wirklich so ist, wie es dem erscheint, der es sieht, falls er es erkennen will und kann. Aber dann ist das nicht wahr, was niemand erkennen kann. Nicht besser ergeht es ihm mit seiner Ansicht: Wahr ist das, was ist; denn dann kann es nichts Falsches geben, weil alles, was ist, wahr ist. Er geht wieder zur Frage über, was falsch ist, und will sie gründlich und immer wieder erörtern. Zunächst sucht er das Falsche in der Ähnlichkeit mit dem Wahren und Wirklichen. So ist z. B. ein Mensch, den wir im Traume sehen, auf keinen Fall ein richtiger Mensch. Ebenso verhält es sich mit einem Baum auf einem Gemälde, mit einem Spiegelbilde, mit der Brechung des Ruders im Wasser. So täuschen wir uns auch bei Zwillingen, Eiern. Die Ähnlichkeit ist also die Mutter des Irrtums. Aber nein, die Ähnlichkeit macht ja gerade die Dinge wahr. Weil ein Ei dem anderen ähnlich ist, ist es wahr. Die Ähnlichkeit wäre also eher die Mutter der Wahrheit, die Unähnlichkeit die Mutter der Falschheit. Es bleibt also schließlich nur noch die Möglichkeit übrig, das als falsch zu bezeichnen, was ein Bild von dem vortäuscht, was es nicht ist, oder kurz gesagt, das Sein beansprucht, ohne zu existieren, wie ein Spiegelbild, Gemälde oder irgendein Bildnis. Aber es besteht ein Unterschied zwischen

vorsätzlich falsch sein und unmöglich wahr sein. Dichtungen gehören in die Kategorie der Werke der bildenden Künste. Sie haben nicht den Willen, falsch zu sein. Gute Schauspieler sind in ihrer Rolle gerade dadurch wahre Schauspieler, daß sie täuschen. All diese Dinge sind nur in der Hinsicht teilweise wahr, wie sie teilweise falsch sind; und das macht sie gerade wahr, was in anderer Hinsicht falsch ist. So kann auch die Fabel vom Fluge des Dädalus nur wahr sein, wenn es falsch ist, daß Dädalus geflogen ist.

Augustinus wendet sich wieder der Dialektik zu. Sie ist aus sich selbst wahr und macht alle anderen Wissenschaften wahr, da sie nach ihren Gesetzen aufgebaut sind. Jede Wissenschaft ist unzertrennlich in der Seele als ihrem Subjekt. Die Seele muß also immer fortbestehen, wenn die Wissenschaft fortbesteht. Das Wissen ist aber Wahrheit, und die Wahrheit hat ewigen Fortbestand. Daher besteht die Seele ewig weiter. Dieser Schluß steht für Augustinus unumstößlich fest. Nur zweierlei gibt ihm noch zu denken: Nur wenige sind mit der Wissenschaft und besonders mit der Dialektik vertraut, und auch diese waren es von frühester Jugend an lange Zeit nicht. Die Erörterungen darüber würden ein weiteres Buch nötig machen und sollen später in einer besonderen Schrift behandelt werden. Vorläufig glaubt Augustinus aus der Tatsache der Wiedererinnerung schließen zu können, daß die Wahrheit in der Seele sei. Aber diese Annahme führt zur platonischen Theorie von der Präexistenz der Seele.

Wie urteilt Augustinus über seine Schriften aus jener Zeit? Er sagt, sie ständen zwar schon im Dienste des Herrn, aber sie atmeten in der Pause des Überganges noch schulmeisterliche, selbstsichere Überheblichkeit (Conf. IX 4). Auch über die Soliloquien ur-

teilt er in den Retraktationen, der kritischen Durchsicht seiner Werke, nicht besonders günstig. Er gesteht, daß die Schrift unvollendet und der Beweis von der Unsterblichkeit der Seele nicht zu Ende geführt sei. An nicht weniger als sieben Stellen hat er etwas auszusetzen oder einzuwenden. Und dennoch! Keine Schrift außer den Confessionen offenbart einen solchen Drang nach Wahrheit, in keiner lodert das nie erlöschende Vestafeuer seiner Erkenntnissehnsucht so hell und warm empor wie hier. Zu welch stiller, gleichmäßiger Liebesglut ist dieses Feuer später geworden, wo er sagt: „Wo habe ich dich also gefunden, daß ich dich kennen lernte? Denn bevor ich dich kennen lernte, warst du nicht in meinem Gedächtnisse. Um dich kennen zu lernen, konnte ich dich nirgends finden als in dir, über mir. Wahrheit, überall waltest du über allen, die bei dir Rat suchen, und allen antwortest du auf ihre verschiedenen Fragen zu gleicher Zeit. Klar und deutlich ist dein Bescheid; doch nicht alle vermögen klar und deutlich zu hören. Alle fragen dich, wie sie wollen, um Rat; doch sie bekommen nicht immer das zu hören, was sie gerne wollen. Das ist dein bester Diener, der nicht so sehr darauf ausgeht, das von dir zu hören, was er selber will, als vielmehr das zu wollen, was er von dir hört" (Conf. X 26).

So wird seine Innerlichkeit und Selbstbesinnung, seine Achtung vor dem Wert und der Würde des Menschen und der Persönlichkeit, sein Drang und Streben nach Wahrheit und Erkenntnis immer beispielhaft bleiben für uns in dem Hasten und der Unruhe des Zeitalters der Technik, in der Zeit der Herabwürdigung und Knebelung der persönlichen Freiheit, in dem tollen Treiben der bewußten Lüge.

ANMERKUNGEN

Außer den echten Soliloquien gibt es noch die sogenannten Pseudosoliloquien, die unter Augustinus' Namen gehen. Sie sind das Werk eines mittelalterlichen Mönches. Schon der äußeren Form nach unterscheiden sie sich von den echten: Es handelt sich gar nicht um Zwiegespräche, sondern es sind einfache Betrachtungen, die in 37 Kapiteln das Wesen und die Herrlichkeit Gottes, seine Wohltaten und Gnaden, die Schwäche und Sündhaftigkeit des Menschen und seine künftige Würde behandeln und mit einem Gebete zur heiligen Dreifaltigkeit schließen. Sie enthalten viel Gedankengut des Heiligen und ahmen seine Ausdrucksweise nach. Von ihnen gibt es mehrere deutsche Übersetzungen, während von den echten nur eine vorliegt. Eine ähnliche unechte Schrift sind die „Nachtgedanken" des hl. Augustinus. Sie haben als Original die „Veglie di S. Augustino", die aus der Feder des Italieners Giovanni Domenico Giulio herrühren. Außer den Confessiones offenbaren auch die Soliloquien des Augustinus ganz besonders die Eigenart seines Wesens, die innere Gespaltenheit. In den Confessionen spricht er verschiedentlich von den zwei Willensrichtungen. VIII, 5 sagt er kurz vor seiner Bekehrung: „Mein Ich war doch mehr bei dem, was ich in mir gut hieß, als bei dem, was ich mißbilligte. Denn hier war ich schon nicht mehr so sehr, weil ich es großenteils gegen meinen Willen mehr ertrug, als es mit Willen tat. Allein die Gewohnheit war von mir selbst aus allzu widersetzlich gegen mich geworden, weil ich mit meinem eigenen Willen dorthin gekommen war, wohin ich lieber nicht gekommen wäre." Weshalb er in dieser Schrift die ganz neue Art eines Zwiegesprächs zwischen seinem ganzen Ich und der Vernunft gewählt hat, sagt er selbst in den Soliloquien (II, 7, 14).

Augustinus will das Wesen Gottes und der Seele ergründen. Er wendet sich zunächst an Gott in einem längeren Gebete, in dem die dauernde Anapher „deus" seine Inbrunst und das Verlangen nach Erkenntnis ausdrückt. Dieses „Deus" hat ein Analogon in dem „domine" der Confessionen, das allein im ersten Buche gegen 40 mal vorkommt und dort seinen demutsvollen Dank und die vertrauensvolle Hingabe an Gott, den gütigen Lenker seiner Geschicke, zum Ausdruck bringen will. Der erste Teil des Gebetes betont die Wesenheit Gottes als Schöpfer und Erhalter, der zweite das eindringliche Verlangen um Beistand bei der nachfolgenden Untersuchung.

I, 1, 2 Zu deus, qui nisi mundos verum scire noluisti bemerkt Aug. (retract. 2) man könne entgegenhalten, daß auch viele, die unreinen Herzens seien, vieles Wahre wissen können; denn es sei ja hier weder das Wahre näher bestimmt, das nur die Reinen wissen könnten, noch auch der Begriff des Wissens.

I, 1, 3 in quo et a quo et per quem; vgl. dazu confess. I, 2!
I, 1, 3 Bei „Gott, dessen Reich das Weltall ist, das die Sinne nicht fassen" will Aug. zu Sinne noch „des sterblichen Leibes" hinzugefügt wissen, falls sich der Relativsatz auf Gott bezieht; ebenso bei einer Beziehung auf mundus, da es die Welt ist, die künftig durch einen neuen Himmel und eine neue Erde erstehen wird.

Beachte die oft klimaktische Dreiteilung von deus, a quo bis caritas iungit!

I, 1, 4 Aug. verbessert unum est in unum sunt in Anlehnung an Joh. X, 30 (retract. 3).

Das Wortspiel res minutae — non minuunt enthält einen großen Gedanken: Den auf Gott und das Jenseits ausgerichteten Menschen lassen Schicksalsschläge unerschüttert, und die oft kleinlichen und ganz unbedeutenden Beschäftigungen des Alltags oder einer beruflichen Tätigkeit mindern den Wert und die Würde des Menschen in den Augen Gottes **nicht**.

I, 3, 8 Das liebenswürdige Wesen und sein Bedürfnis nach einer Aussprache mit gleichgesinnten Freunden hatte einen

Kreis vornehm gesinnter und wissenschaftlich interessierter Freunde um ihn geschart. Unter ihnen nahm Alypius eine ganz bevorzugte Stellung ein; denn „vor ihm gab es für Augustinus kein Geheimnis" (Confess. VIII, 8), weil er „der Bruder seines Herzens" war (Confess. IX, 4).

Cicero (Laelius XVI, 56 u. f.) geht über das Gesetz, ut eodem modo erga amicum affecti simus, quo erga nosmet ipsos hinaus, indem er anführt, daß wir vieles unserer Freunde wegen tun, was wir unseretwegen nicht tun würden.

I, 4, 9 Beweisführung, daß mathematische Erkenntnisse in der Seele vorhanden sind, bei Plato im Menon durch die Unterhaltung des Sokrates mit dem Knaben. Anschließend die Schlußfolgerung, daß „von jeher immer die Wahrheit von allem was ist, der Seele innewohnt" und daß die Seele unsterblich ist.

I, 7, 14 in ista vita... deo intellecto anima iam beata sit, will Aug. höchstens mit dem Zusatz „in der Hoffnung" gelten lassen (retract. 3).

I, 9, 16 Zu metu amissionis eorum quos diligo vgl. die Trauer über den Tod eines Freundes in den Confessionen (IV, 4 ff.)!

Si te repente sano esse corpore sentias. Aug. litt zu jener Zeit an Atembeschwerden und Schmerzen auf der Brust, die ihm — wenigstens vorläufig — die weitere Ausübung seines Lehrberufes unmöglich machten.

I, 10, 17 unus Ciceronis liber; gemeint ist der Hortensius, den er im Alter von 19 Jahren las (Confess. III, 4). „Das Buch änderte meine Sinnesrichtung: Es lenkte meine Gebete schon zu dir, o Herr, und mein Wollen und Wünschen stimmte es gänzlich um. Plötzlich verblaßte in mir jeder eitle Hoffnungsstern, und mit unglaublicher Glut meines Herzens verlangte ich nach unsterblicher Weisheit."

Ciborum iucunditas; „aber noch ist mir die Notdurft angenehm, und gegen diese Annehmlichkeit muß ich kämpfen, um ihr nicht zu erliegen; täglich führe ich Krieg dagegen durch Fasten, und gar oft bringe ich meinen Leib in Dienstbarkeit" (Confess. X, 31).

I, 12, 21 dentium dolore; über die Zahnschmerzen und ihre Heilung siehe Confess. IX, 4!

I, 13, 23 Sed non ad eam (coniunctionem sapientiae) una via pervenitur scheint Aug. später „nicht gut zu klingen" und könne dazu führen, „religiöse Ohren zu verletzen", wie wenn es außer Christus noch einen Weg gäbe, der gesagt hat: ego sum via (Joh. XIV, 6). Gemeint seien eher die Wege, von denen der Psalmist spricht (Ps. XXIV, 4) (retract. 3).

I, 14, 24 Bei penitus esse ista sensibilia fugienda, meint Aug., müsse er gewärtigen, der falschen Ansicht des Porphyrius zu folgen, der sagte, alles Körperliche müsse man fliehen; er habe nicht gesagt omnia sensibilia, sondern mit ista seien die corruptibilia gemeint. (retract. 3).

II, 6, 12 Das mel thyminum, Honig vom Thymian, wurde im Altertum am meisten geschätzt. Über seine Eigenschaften und besondere Verwendung siehe Plin. N. H. XI 34; 38; 39 und Galen XIV 26 u. 27! Die beste Sorte kam aus Attika und vom Berge Hybla auf Sicilien.

II, 8, 15 Außer dem Krokodil kennt die neuere Naturwissenschaft noch andere Tiere, die den Oberkiefer bewegen.

II, 9, 17 Das Altertum betrieb in der Regel nur Küstenschiffahrt. Beim Fahren schienen fälschlich die hohen Gegenstände am Ufer sich zu bewegen, eine Wahrnehmung, wie wir sie etwa beim Fahren in den Zügen machen.

II, 10, 18 Roscius, gefeierter Schauspieler in Rom, vertrauter Freund und Lehrer Ciceros in der Deklamation. Der Ausdruck „ein Roscius" war gleichbedeutend mit ein Meister in seinem Fach.

Myron, berühmter Erzgießer in Athen, Mitschüler des Phidias. Besonders bekannt und bewundert war die ihr Kalb säugende Kuh auf dem großen Platze in Athen.

II, 11, 20 vix nos posse aliquid manibus teneremus. Das Schlagen der Handflächen war in den Schulen allgemein üblich, vgl. Iuvenal sat. I, 15 et nos ergo manum ferulae subduximus!

Anmerkungen

II, 14, 26 carmine de hac re scribi: von Zenobius, wie Migne vermutet.

ille, in quo... eloquentiam... revixisse cognovimus; gemeint ist der große Bischof Ambrosius.

II, 16, 30 iure infames intestabiles haberi. Die Schauspieler waren ehrlos, gleich dem schimpflich entlassenen Soldaten, dem Kuppler, dem überführten Diebe, Betrüger, Verleums. darüber Friedländer Sitteng. Roms 7. Aufl. I s. 116!

II, 20, 34 Zu post paucos dies risisse vgl. Confess. I, 6!

Qui bene disciplinis liberalibus eruditi; Aug. will die an Platos Wiedererinnerungslehre anklingende Stelle nicht mehr gelten lassen, da auch Unwissende bei geschickter Fragestellung auf das Wahre kommen, indem ihnen das Licht der ewigen Vernunft zu Hilfe kommt (retract. 4).

LITERATURHINWEISE

Übersetzungen:

J. *Artand*, Paris 1936 — P. de *Labriole*, Paris 1940 — J. A. *Lieshout*, Amsterdam 1936 — L. *Schopp* - A. *Dyroff*, München 1938.

Erläuterungsschriften:

H. *Becker*, Augustin, Studien zu seiner geistigen Entwicklung, Leipzig 1908.
K. *Delahaye*, Die memoria-interior-Lehre des hl. Augustinus und der Begriff der transzendentalen Apperzeption Kants, Würzburg 1936.
S. *Matinée*, S. Aur. Augustinus in Soliloquiis qualis philosophus appareat, qualis vir, Rennes 1864.
D. *Ohlmann*, De S. Augustini dialogis in Cassiciaco scriptis, Diss. Argent. 1897.
G. *Söhngen*, Der Aufbau der augustinischen Gedächtnislehre, Grabmann-Mausbachs Sammelschrift S. 267—394.
W. *Thimme*, Augustins geistige Entwicklung in den ersten Jahren nach seiner Bekehrung, Neue Stud. z. Gesch. der Theol. u. Kirche, Stück 3, Berlin 1908.
Fr. *Wörter*, Die Geistesentwicklung des hl. Augustinus bis zu seiner Taufe, Paderborn 1892.

INHALT

Erstes Buch   Seite   5

Zweites Buch   Seite 89

Nachwort   Seite 192

Anmerkungen   Seite 199

Literatur   Seite 203

www.ingramcontent.com/pod-product-compliance
Lightning Source LLC
Chambersburg PA
CBHW070331100426
42812CB00005B/1319